本书系中国教育科学研究院 2022 年度基本科研业务费专项
"牵引教育变革的教育评价改革研究"（编号：GYB2022013）

论教育评价改革的牵引性

张宁娟　　著

LUN JIAOYU PINGJIA GAIGE DE
QIANYINXING

知识产权出版社

全国百佳图书出版单位

—北京—

图书在版编目（CIP）数据

论教育评价改革的牵引性 / 张宁娟著 . —北京：知识产权出版社，2023. 10
ISBN 978-7-5130-8923-4

Ⅰ . ①论… Ⅱ . ①张… Ⅲ . ①教育评估—教育改革—研究—中国 Ⅳ . ① G521

中国国家版本馆 CIP 数据核字（2023）第 183288 号

内容提要

本书从理论和实践两个维度提出并回答教育评价改革的牵引性特征，即"何以可能"
"以何可能"等问题。本书上篇首次提出，牵引性不仅是教育评价改革的主要功能，更对教
育评价改革的价值引导功能和社会治理功能具有统领作用，并从历史、理论、实践和技术
基础四个角度系统论证了这一命题的合理性。本书下篇尝试构建以考试招生制度改革牵引
人才方式变革、以改进增值评价牵引办学模式变革、以发展第三方评价牵引教育管理体制
变革、以加强督导评估改革牵引质量保障机制变革的实践路径，努力为新时代教育评价改
革纵深推进提供理论支撑。

责任编辑：郑涵语　　　　　　　　　　　**责任印制：孙婷婷**

论教育评价改革的牵引性
张宁娟　著

出版发行：**知识产权出版社** 有限责任公司	网　　址：http://www.ipph.cn
电　　话：010-82004826	http://www.laichushu.com
社　　址：北京市海淀区气象路 50 号院	邮　　编：100081
责编电话：010-82000860 转 8569	责编邮箱：laichushu@cnipr.com
发行电话：010-82000860 转 8101	发行传真：010-82000893
印　　刷：北京中献拓方科技发展有限公司	经　　销：新华书店、各大网上书店及相关专业书店
开　　本：720mm×1000mm　1/16	印　　张：12
版　　次：2023 年 10 月第 1 版	印　　次：2023 年 10 月第 1 次印刷
字　　数：170 千字	定　　价：65.00 元
ISBN 978-7-5130-8923-4	

序　言

党的十八大以来，习近平总书记高度重视教育评价改革在我国教育事业蓬勃发展中的积极作用，先后在不同场合发表了一系列重要论述，特别是在2018年9月10日全国教育大会上提出"有什么样的评价指挥棒，就有什么样的办学导向"，强调"要坚决克服唯分数、唯升学、唯文凭、唯论文、唯帽子的顽瘴痼疾，从根本上解决教育评价指挥棒问题，扭转教育功利化倾向"，重申教育评价改革的价值引导和公共治理要求。时隔一年半，2021年3月，习近平总书记在看望参加人民政协医药卫生界、教育界委员时，又明确指出"要围绕建设高质量教育体系，以教育评价改革为牵引，统筹推进育人方式、办学模式、管理体制、保障机制改革"，首次提出教育评价改革具有牵引功能。联系起来看，习近平总书记的三段重要论述实际上指出了教育评价改革具有的三重功能，即价值引导功能、治理功能和牵引功能，引起了学术界普遍关注与热议。

在三重功能论述中，牵引功能成为新时代教育评价改革的鲜明特征。一方面，就三者关系来看，牵引功能的实现是以价值引导功能和治理功能的实现为前提的，牵引功能包含价值牵引及通过治理功能的实现而产生的价值牵引功能。究其实质，价值引导功能是教育评价的本质特性在改革实践中的具体反映。评价本质上是对评价对象进行价值操控的过程，教育评价改革实践必然会基于已有价值判断和价值预设对实践中的教育发展、教学行为、教育结果产生价值引导。而治理功能实质上是把教育评价视为治理对象，将教育评价改革作为治理工具，通过评价改革实现对评价问题的治理，以实现价值引导功能。

　　另外，牵引功能的实现虽然是以价值引导功能和治理功能的充分发挥为前提的，但它的提出也具有价值引导功能和治理功能无法替代的属性，是时代的产物。一是新时代教育高质量发展的关键在于构建高质量的教育体系，对改革的整体性、组织性和协调性要求很高。作为教育改革的重要组成部分，教育评价因其评价主客体的泛在性存在，而使评价改革处在牛鼻子位置，牵一发而动全身，好的教育评价改革必然对教育的方方面面具有正向的牵引作用。如何确保教育评价改革不走偏，实现正向的牵引作用，对于深入推进教育综合改革、全面提高教育质量意义重大。二是新时代以教育评价改革牵引育人方式、办学模式、管理体制和保障机制变革的指示要求已经明确。当前的关键是寻找评价改革的小切口，实现对教育改革的大牵引。例如，通过改革评价的某个环节，能够牵引育人方式变革；通过改革评价的某个方面，能够牵引办学模式变革等，这些问题都很关键，也都需要从理论和实践中寻找答案。

　　因此，本书的目的就是从不同维度对教育评价改革牵引功能进行学理和实践阐释。一方面，从理论上回答教育评价改革牵引教育变革：何以可能？这部分主要从历史溯源、理论基础、实践基础及技术赋能四个部分，详细论述教育评价改革牵引功能之所以能够成立的历史依据、理论依据、实践依据和技术依据。另一方面，致力探究牵引教育变革的教育评价改革：以何可能？即分别分析牵引育人方式、办学模式、管理体制和保障机制变革的教育评价的应然状态。同时，实践是检验真理的唯一标准，也是创新理论的生命力所在。本书也围绕具体的评价牵引方式，坚持质量导向和问题逻辑，在世界范围内寻找典型生动的实践案例，在验证修正评价理论的同时，也为广大的教育改革者和实践者提供借鉴和学习的蓝本，助力新时代教育评价改革走深、走实、走好。

张宁娟

2023 年 5 月 17 日

目 录

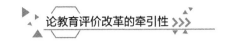

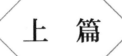

上　篇

教育评价改革牵引教育变革：
何以可能？

"牵引",从词义上看,就是拖、拉,也有引起、援引的意思。在物理意义上,"牵引"指的是通过外力施加对物体进行拉、拖的过程。它可以描述物体之间的相互作用,如其中一个物体对另一个物体施加牵引力。在比喻意义上,"牵引"也可以比喻为在某种程度上引导或影响某个事物的发展或行动,类似于引线或纽带,它可以用于描述某种力量或因素对其他事物产生的影响或作用。在医学意义上,"牵引"通常指的是一种治疗方法,通过外部装置或设备施加力量,以实现骨骼、关节或软组织的牵引,从而达到治疗目的。由此我们不难看出,教育评价的价值引导、社会治理及牵引功能,可以看成是"牵引"一词的三重使用。即价值引导是比喻意义上的使用,牵引功能是物理意义上的使用,而社会治理功能可以理解为医学意义上的使用。本书所使用的牵引,既是价值引导、社会治理的综合体,又有时代赋予的特殊指向性。

"牵引",从词的属性看,是动词。要使"牵引"构成意义,必须有主语和宾语。在本书中,牵引的主语,广义上指教育评价改革,特指一些具体的教育评价形态及其改革任务。牵引的宾语,泛指被牵引的对象,包括三类:具体评价改革活动中的各类主体、与教育评价改革相关的其他教育综合改革以及社会改革。所以,从这个基本公式看,牵引因主语和宾语的不同及两两相互作用而构成了一个复杂的研究集。

第1章 牵引功能的历史基础

为便于展开学理分析，本章对牵引的主语，即教育评价及其改革先做形态上的划分，然后举例分析。通过教育评价的某一形态发挥牵引功能的历史实践，以证明教育评价的牵引功能早已存在并切实发挥了作用。至于对谁、对什么发挥了牵引作用，即对牵引的宾语，本章只做意向性的归类，主要归为对评价对象的牵引、对教育事业和活动的牵引及对社会发展的牵引。

1.1 教育评价的三种形态

从历史发展看，教育评价有三种存在形态，即作为选才工具的教育评价、作为管理手段的教育评价和作为育人资源的教育评价。回顾教育评价发展历史，每一种教育评价形态都有其深厚的理论基础和悠久的发展实践。

1.1.1 作为选才工具的教育评价

教育评价的初始形态是考试招生。在这方面，我国开了先河。早在西周时代就有以射选士的评价制度，影响最深的是隋炀帝时代开始的科举制度，其对世界各国公务员的录用考试产生了很大影响。有人做过统计，"在公元1570年至1870年的300年间，用英文出版的有关我国科举考试制度的书籍就达20多种。西方国家从19世纪以来陆续建立文官考试制度。因此，国内外不少学者认为，教育评价起源于我国的科举考试制度"。● 19 世纪末到 20 世纪 30 年代，受实证主义影响，针对考试中的问题，在西方社会兴起了教育测验运动，其中心人物是美国著名心理学家桑代克，他提出"凡是存在的东西都有数量；凡是有数量的东西都是可以测量的"●。该理论奠定了教育测量的基础，成为作为选才工具的教育评价存在和不断发展的理论依据。

随着时代的发展，作为选才工具的教育评价经历了从单一学科能力评估到综合评价和个性化评价的演变。19 世纪的教育评价主要侧重于知识和学科的测验，以衡量学生的学术能力和记忆力。这一时期的评价方法主要采用笔试和口试。20 世纪初，普及教育的发展促使评价的需求增加。这一时期出现了标准化考试，如 IQ 测试和智力测验，用于衡量学生的智力水平；20 世纪中期，出现了大规模的标准化考试，如 SAT（英国高中生毕业学术能力水平考试）、ACT（美国大学入学考试）等，这些考试被广泛应用于大学入学选拔，成为衡量学生能力和潜力的重要指标。20 世纪 60 年代，教育评价开始关注学生的全面发展，不仅关注其学术能力，还关注学生的非认知能力和社会技能。这一时期提出了综合评价的理念，试图通过多种评价方法来全面了解学生。20 世纪 80 年代，学生评价的焦点开始转向教学质量评估和学校绩效评估。各国开始建立教育质量评估体系，以评估学校和教师的教学效果。21 世纪初，出现了个性化评价和多元评价的趋势。个性化评价强调根据学生的个体差异和需求，提供个性化的学习和评价方式。多元评价包括多种评价方法的综合运用，以全面了解学生的能力和发展。随着技术的进步，也出现了在线评估和电子学习记录等新兴评价方式，这些新技术为教育评价提供了更多的可能性和灵活性。

1.1.2　作为管理手段的教育评价

教育评价作为管理工具不仅关注教育结果和绩效，还涉及教育政策、教

● 吴钢. 现代教育评价教程 [M]. 北京：北京大学出版社，2008：26.
● 刘志军. 教育评价 [M]. 北京：北京师范大学出版社，2021：13.

学改进和资源配置等方面，以支持教育系统的管理和发展。经历了从学术能力评估到效能评估、多维评价和质量保障的演变。

19世纪的工业革命推动西方社会经济和工业迅速发展，社会公共事业、教育事业也发生了令人瞩目的变革，随之就产生了如何评价这些社会工作成效的需求。国家和政府开始探索通过考试和测验等形式来评估学生和教师的学术能力和知识水平，以提高教育质量和选拔人才。

20世纪初，教育评价作为管理手段逐渐扩展到学校和教育系统。政府和教育机构开始使用评估来监督学校的教学质量和绩效，以确保教育目标的实现。最著名的就是R. W. 泰勒对美国进步主义教育协会于1933—1941年领导的长达8年之久的中学课程改革运动成效进行的评估，并于1942年发表了"八年研究"报告，即《史密斯—泰勒报告》。"泰勒首次提出了'教育评价'概念，并将教育目标作为评价过程的核心和关键，对实施评价的方法、步骤及评价结果的运用等，做出了可操作的详细说明。"❶这就是著名的"目标评价模式"（又称"泰勒模式"）。泰勒模式成为当时直至20世纪50年代末在西方各国占统治地位的教育评价思想和模式，人们普遍遵循泰勒模式对政府的投资效益进行评价，其评价结果为政府决策与改革提供依据。在这个过程中，经对"泰勒模式"的不断反思和改造，又形成了决策导向或者改良导向的评价模式（简称CIPP评价模式）、以美国洛杉矶加利福尼亚大学评价研究中心（Center for Study of Eraluation）命名的评价模式（简称CSE评价模式）等。"20世纪70年代以来，教育评价出现了空前繁荣的景象，并把教育评价作为教育管理的基本环节"❷，随之出现了大规模的教育评估运动。各国开始建立教育评估机构和体系，对学校和教育系统进行全面的评估。21世纪初，教育评价与质量保障相结合，各国开始建立教育质量保障体系，将评价作为质量提升和监测的重要手段，注重教育评价与教育政策的衔接。我国政府特别重视发挥教育评价在教育管理和社会治理中的积极作用，主要包括开展学校绩效评

❶❷刘志军. 教育评价 [M]. 北京：北京师范大学出版社，2021：17.

估、教育项目评估和教育质量监测等。多年来，教育评价改革作为教育治理体系和治理能力提升的主要途径得到全面重视。

1.1.3　作为育人资源的教育评价

教育评价作为育人资源的目标是促进学生全面发展，并培养他们的技能、品德和创造力，以适应当代社会的需求。19 世纪，随着现代教育体系的建立，教育评价开始出现在学校教育中。教师通过观察、口试和笔试等方式对学生进行评价，以促进他们的学习和发展。伴随着对泰勒模式的批判与反思而大面积出现的，并随着教育评价学的发展不断得到重视，经历了从传统的技能评价到综合素养评价、个性化评价的演变。

针对泰勒模式过分强调以目标为核心、只重视结果评价、只关心目标达成度、忽视被评价者的需求与意愿、过分强调量化评价等问题，日本学者提出"评价不是为评价而评价，而必须是为更好地达到教育目标而进行评价"[1]；美国学者斯塔弗尔比姆确信"教育者需要一个较广义的评价定义，而不只是局限于确定目标是否达到"[2]。在他看来，"总结性评价更多地类似于'对不法行为所做的严密调查'，他认为'评价最重要的意图不是为了证明，而是为了改进'"[3]。1967 年，斯克里文指出评价可以发挥两种功能：一方面，"它在方案持续改进过程中具有重要的作用"；另一方面，"评价过程可以帮助管理者分析方案效果，也就是评判已实施的课程方案是否取得了充分、显著的进展，以证明学校系统各种支出的合理性"。[4]他提议用"形成性评价"和"终结性评价"来指代评价的两种类型。自此，形成性评价概念被明确提出和使

---

[1] 刘志军. 教育评价 [M]. 北京：北京师范大学出版社，2021：58.

[2] 斯塔弗尔比姆. 方案评价的 CIPP 模式 [A]. 陈玉琨，译，施良方，校 // 瞿葆奎. 教育学文集·教育评价 [C]. 北京：人民教育出版社，1989：301.

[3] 刘志军. 教育评价 [M]. 北京：北京师范大学出版社，2021：17.

[4] SCRIVEN M. The Methodology of Evaluation [G]//TYLER R W，GAGNÉ R M，SCRIVEN M. Perspectives of Curriculum Evaluation. Chicago：Rand McNally，1967：39-83.

用。由此，注重过程的形成性评价逐渐得到重视。

20 世纪 60—80 年代，围绕终结性评价和形成性评价的大讨论，分别提出了目的游离、重视过程评价、关注评价各方参与者的需求与意愿、加强自然主义的质性评价等重要的评价思想，并发展出与之相应的多种评价方法和技术。与终结性评价的目的是为系统外下一步进行管理和决策提供必要的信息相比，形成性评价的目的是为系统内部服务，其评价结果主要供那些正在进行教育活动的教育工作者参考。因此，对形成性评价的重视及围绕形成性评价形成的理论与方法，比如，综合评价、增值评价及评语法、评等法等，对于完善教育评价的目的，真正发挥教育评价的导向、诊断、鉴定、调控和改进功能具有非常重要的作用。这些作用的发挥，也预示着作为育人资源的教育评价形态逐步显现。1991 年，美国学者罗伯特・L. 邦吉特 – 庄斯（Robert L. Bangert-Drowns）等人对 29 项有关研究进行元分析，探讨在一学期内教师开展形成性测验的次数与学生学习成就改善之间的关系，结果发现：①形成性测验从无到有，对学生学习成就产生的影响很大；②形成性测验的频率与学习成就改善幅度有显著相关，在一个学期中教师开展形成性测验的次数越多，学生学习成就水平提高得越多；③当形成性评价的频率增加到一定水平，其效果量的增长会减速。[1] 约翰・P. 豪斯奈克（John P. Hausknecht）等人于 2007 年对 107 项有关准实验研究进行元分析，也发现了相似的结果，这些研究的平均效果量达到 0.26，学习成就水平提高了 10 个百分位。[2][3]

20 世纪 90 年代，我国为扭转应试教育倾向而大范围开展的学生综合素质评价，其本质就是一种作为育人资源的教育评价形态。因此，我们说，目前，政策要求把综合素质评价结果作为中高考招生录取的参考标准，即"两依据

[1] BANGERT-DROWNS R L，KULIK J A，KULIK C C. Effects of Frequent Classroom Testing [J]. The Journal of Educational Researc h，1991，85（2）.

[2] HAUSKNECHT J P.，et al. Retesting in selection：A meta-analysis of coaching and practice effects for tests of cognitive ability [J]. Journal of Applied Psychology，2007，92（2）.

[3] 赵德成. 教学中的形成性评价：是什么及如何推进 [J]. 教育科学研究，2013（3）：47-51.

一参考",只是一种更加重视学生综合素质评价的权宜之计,而并非全面深化学生综合素质评价的本质使然。同时,在日常教学实践活动中,形成性评价实施的策略有很多,除了单元测验、平时测验和当堂检测等各种大小测验之外,还有分享学习期望、提问、讨论、反馈、自我评价、同伴评价等策略。"有效使用这些策略可以引导教与学的过程,使教师和学生知道学习者现在哪里(通过提问、讨论、自我评价和同伴评价)、将朝哪里前进(通过分享学习期望),以及如何抵达那里(通过讨论和反馈)。"❶ 教师只有抓住形成性评价的本质特征,在实践中切实关注学生学习过程的分析与改进,评价的发展性功能才能落到实处。随着技术的进步,教育评价趋向数字化和在线化,作为育人资源的教育评价,出现了电子学习记录、在线作业和自主学习平台等新兴评价方式,以支持学生的自主学习和个性化发展。

1.2　考试招生制度的牵引实践

在实践中,三种形态不是截然分离的,其影响也不是对等的。从历史上看,作为选才工具——考试招生制度因其执行最为彻底、使用最为广泛而对我国的影响也最为深远。所谓大唐盛世、北宋文明及改革开放之后中国的快速崛起,都与当时的考试招生制度改革密不可分。因此,本章的后半部分就以考试招生制度为例,探讨科举考试及改革开放之初恢复高考,对社会、教育各个方面的正负向牵引作用。

1.2.1　古代科举考试制度

科举考试制度是中国古代的一种选拔人才的考试制度。该制度起源于隋朝,经过唐代的发展和宋代的完善,在明、清两代达到了鼎盛。科举考试制

---

❶ BLACK P,WILIAM D. Developing the theory of formative assessment [J]. Educational Assessment, Evaluation and Accountability,2009(21).

度的目的是选拔政府官员，确保王朝能够选拔到具备才能和品德的人才。该制度通过一系列考试来评估考生的才能和知识水平，从而决定他们是否适合担任相应官职。科举考试主要分为三个阶段：乡试、会试和殿试。

从隋朝大业元年（605年）开始，到清朝光绪三十一年（1905年）举行最后一科进士考试为止，科举考试经历了1300年。从中国的官制史上看，科举制度的产生是历史的必然和巨大进步，也有人认为是一次深刻的革命，对当时的民众和社会具有深刻的拉动和牵引作用。

1. 对社会发展的牵引

科举考试资格是不论出身，贫富皆可参加，如此不仅扩宽了政府选拔人才的基础，还让处于社会中下阶层的知识分子，有机会通过科考向社会上层流动。1300年间科举产生的进士接近十万人，举人、秀才数以百万人，涌现出一大批善于治国安邦的名臣、名相和雄才大略的政治家，以及众多有杰出贡献的思想家、文学家、艺术家、诗人、学者、教育家、科学家、外交家等。宋、明两代及清代汉人的名臣能相、国家栋梁之中，进士出身的占了绝大多数。同时，科举制度对于民间的知识传播与读书风气，也起到了推进作用。由于科举入仕成为风尚，中国的文风客观上普遍得到了提高，间接也维持了中国各地文化及思想的统一和向心力。这种制度对维持社会的稳定和快速发展起了相当重要的作用。同时，科举制度注重儒家经典的学习和考察，强调礼仪、文化和道德修养。这种注重文化传承和发展的态度对于中国的文化繁荣和社会稳定起到了积极的作用。

2. 对教育发展的牵引

科举制是中国古代社会最为重要的教育制度之一，科举制度促进了文化的普及和文化传承。为了参加科举考试，人们需要接受教育，并广泛涉猎各种经典文献和知识。这促进了文化的普及和传承，推动了古代教育的发展。科举制度的实施使得越来越多的人积极参与学习和教育，以期望通过考试获得更好的社会地位和机会。为了满足科举考试对于教育的需求，古代中国建立了一套完整的学校体系。各级政府设立了官办学校，培养和选拔学生参加科举考试。同时，私塾、书院等民间教育机构也得到了发展，推动了学校体系的建立。这些学校为古代中国的教育提供了一个重要的框架和动力，但随着科举制度的日趋完善及读书人的趋之若鹜，科举制度在考核内容与考试形式上的恶劣影响逐渐显露出来。从明代开始，科举考试的内容陷入僵化，变成只要求考生能造出合乎形式的文章，反而不重考生的实际学识。大部分读书人为应对科考，思想渐被狭隘的"四书""五经"、迂腐的八股文所束缚；无论是眼界、创造能力、独立思考能力都被大大限制。大部分人以通过科考为唯一读书目的，读书只为做官、光宗耀祖。另外，科举也局限了人才的出路。唐宋八大家都是进士出身，但到了明清两代，无论在文学创作，抑或各式技术方面有杰出成就的名家，多数都失意于科场。

3. 对个人命运的牵引

一方面科举制为一些人提供了实现社会地位上升的机会，改变了他们的命运。如明朝学者冯梦龙，出身贫寒，但凭借自己的才华和努力，在科举考试中进士及第。通过科举考试，他获得了官职，并在官场上取得了一定的成就，改变了自己的命运。科举制度让一大批寒门子弟实现了阶层流动，入仕为官、造福一方。可以说，在一定时期，科举制度成为古人实现个人理想、王朝实现稳定繁荣的重要渠道之一。但随着封建制度走向没落，科举制度对个人命运的负向牵引和束缚也越来越明显，不少历史典故和文学故事都对其有鞭辟入里的揭露，最为著名的是《儒林外传》中"范进中举"的故事。这一故事，把科举制牵引下的众生相描绘得栩栩如生。

1.2.2 改革开放之初恢复高考的牵引实践

1978 年，中国开始了改革开放的伟大征程。以邓小平同志亲自作出恢复高考及对外派遣留学生的重大决策为起点，中国教育迈出了改革开放的历史性步伐。在全国拨乱反正的大潮下，1977 年冬天恢复高考成为当时社会最大的关注点，积压了整整 10 年的考生拥进考场。这一年，全国有 570 万人报考，当年全国高等学校录取新生 27.3 万人；半年后，1978 年的夏天，610 万人报考，录取了 40.2 万人。同时，还有 6.35 万人报考研究生，1.07 万人获得了深造机会。"冬夏两季，全国共有约 1180 万名青年参加了考试，迄今为止，这是世界考试史上人数最多的考试，堪称一项'世界之最'。"❶"恢复高考制度不仅是高等教育领域的一件大事，而且是对整个教育事业、整个社会发展具有重大影响的大事。"❷

1. 牵引社会精神状态积极向上

高考制度的恢复极大地改变了当时年轻一代沉闷的精神状态，激发了亿万青少年学习科学文化知识的热情，广大教师精神振奋，教育界重新焕发了生命活力，全国教育风气为之一新。对多数人而言，"高考"是青葱岁月"焦虑"的代名词。但 1977 年，高考成为百万国人破除年龄、婚否、出身限制，逆转命运的唯一机会。例如，历史学家雷颐回忆，当年的"孤独与疲惫"——"吃完饭，别人在打牌，我就在复习，都是复习到半夜，中午整个车间机床轰鸣，一点儿没把我打醒，太累了"；华东师范大学教授许纪霖回忆当年是"跑与抢"——"每天下午（大学的新华书店）进新书时，要去抢，10 分钟就卖没了。（我们）下课也就十分钟，赶紧飞跑到书店，看看今天有什么新书，有的话赶紧抢"；北大教授陈平原的"饥饿与求知"——"我曾经问我的学生，第一，你有没有饥饿的感觉？第二，有没有求知的欲望？而我们那代人是两者结合在一起

---

❶ 改革开放 30 年中国教育改革与发展课题组. 教育大国的崛起（1978—2008）[M]. 北京：教育科学
出版社，2008：11-12.

❷ 同❶。

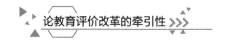

的。有饥饿的感觉，有强烈的求知欲望。" ❶

2. 牵引人才选拔走上健康轨道

安徽省当涂第一中学夏传寿老师记录了自己参加"文革"后第一次高考阅卷的趣事 ❷，为我们全面展现了当年考生准备时间不足、教辅材料短缺、阅卷手段原始等窘迫状，但同样，不影响大家主动备战、应考的积极性和热情。比如，他写道：阅卷中发现，有考生写《答卷有感》的打油诗：'小子本无才，老子逼我来。考试干瞪眼，鸭蛋滚滚来。'"此诗一经传出，迅速传开。有的教师还欣然命笔，和诗凑趣。其中一首诗《答某考生》："小子尚有才，无才写不来。回去好好学，明年重新来。"生动反映了当年拨乱反正、恢复高考后教育战线和全国人民的激情洋溢。正是在这样的精神感召下，才有争分夺秒分批赶印自学丛书、废品站里淘书、手抄《代数》、工人赶印如赶考、读书热潮高涨，以至于上海图书馆门口出现这样的历史影像：一大清早，图书馆还没有开门，青年人就已经在门口排起了长队。这一系列欣欣向荣求进步的社会景象，助推我国人才选拔录取制度逐步走向健康轨道。40 多年来，高考制度为国家建设选拔人才的初心不变，并在考试命题、评卷组织、报考条件、考试题目、考试科目和录取方式等方面不断追求变化，取得明显成效。

3. 牵引社会稳定蓬勃发展

40 多年来，以高考为核心的考试招生制度为学生成长、国家选才、社会公平作出了历史性贡献，对提高教育质量、提升国民素质、促进社会纵向流动、服务国家现代化建设发挥了不可替代的重要作用。一是人才培养方面。高考改变了数以亿计普通中国人的命运，实现了人口的纵向流动，现在活跃

---

❶ 高考放榜季看凤凰：让历史有温度有益趣 [EB/OL]. （2017-06-22）[2023-05-20]. https：//www. 163. com/news/article/CNI1L2K900014AEE. html.

❷ 夏传寿. 从"鸭蛋滚滚来"到"桃李朵朵开"——三十年前参加"文革"后第一次高考阅卷忆趣 [EB/OL]. （2017-12-24）[2023-05-20]. https：//baike. so. com/doc/2139700-2263944. html.

在社会各个领域的大批社会精英与创新人才，都是高考制度的受益者。据 2021 年教育事业统计显示，各种形式的高等教育在校生总规模 4430 万人，比上年增加 247 万人，高等教育毛入学率 57.8%，比上年提高 3.4 个百分点。同时，高考为我国各行各业发展也输送了数以亿计所需人才，全面提升了我国劳动力人口的整体素质和社会各个方面的文明程度，助推社会实现快速整体发展。二是教育普及和提升方面。高考改革促进了教育的普及和提升，让更多的学生有机会接受高等教育和接受更好的教育资源。据统计，2000 年至 2020 年间，中国高等教育的招生规模从 260 万人增加到 1050 万人，高等教育覆盖率大幅提高，这为更多人实现个人发展、改变命运提供了机会。三是科学研究和创新能力提升方面。高考改革培养了大批具备科学研究和创新能力的人才，推动了科技创新和社会进步。例如，中国在人工智能、高技术制造、生物医药等领域取得了显著的成就，成为全球科技创新的重要力量。高考选拔制度为培养具备创新能力的人才提供了有力支持。四是促进教育公平和社会公正方面。通过公开、公平、公正的选拔机制，高考改革减少了人们因家庭背景、地域差异或其他非学术因素而受到歧视的可能性。这为广大学生提供了公平竞争的平台，促进了社会公正和机会均等。

　　以选才工具为例，我们可以看出教育评价无论是在中国古代还是现在，都对个人命运、人才选拔、教育发展、社会稳定等方面具有重要的牵引作用。可以预见，在全球治理询证决策趋势日益明显、中国社会对高质量教育发展需求日趋迫切的大背景下，作为管理手段和育人资源的教育评价形态将会具有越来越重要的地位并发挥越来越明显的牵引作用。因此，概而言之，牵引是教育评价的重要功能，并伴随教育评价改革发展始终。所不同的是，发挥牵引功能的评价形态会随着社会和教育的发展有所不同。

第 2 章　牵引功能的理论基础

随着教育评价概念的出现，教育评价理论逐步形成并得到完善，教育评价功能研究也随之不断丰富。不同发展阶段的教育评价理论，对教育评价功能的分析和侧重点也有所不同。

2.1　西方教育评价理论的发展回顾

教育评价的思想基础和实践活动虽然源于中国，但是明确提出教育评价这一科学概念，系统探索现代意义上的教育评价理论和方法，并把教育评价作为一门独立学科来研究和发展，始于 20 世纪 30 年代的美国。因此，梳理西方教育评价理论发展史具有特殊重要的意义。但对西方教育评价理论的研究和划分，不同的学者有不同的观点，分歧很大。如美国评价专家马道斯（George F. Madaus）、斯克里文（M. Scriven）和斯塔弗尔比姆（Daniel L. Stufflebeam）在他们 1983 年合编的《评价模式》一书中，把教育评价的发展历史分为六个阶段，分别是 1800—1900 年的变革时期、1900—1930 年的效率和测验时期、1930—1945 年的泰勒时期、1946—1957 年的萌芽时期、1958—1972 年的发展时期和 1973 年以后的专业化时期。❶ 而埃贡·G. 古巴（Egon G. Guba）和伊冯娜·S. 林肯（Y. S. Lincoln）则在其《第四代评估》一书中认为评价经

---

❶ 马道斯. 方案的评价：历史的概观 [A]// 瞿葆奎. 教育学文集·教育评价 [C]. 北京：人民教育出版社，1989：70-90.

历了四个阶段，即 19 世纪末至 1930 年的测量时期、1930—1957 年的描述时期、1957—1980 年的判断时期、1980 年以后以共同构建为标志的第四代评价时期。❶ 不同的历史划分，虽然有不同学者主观的判断，但更有基于客观实践的规律性。对于西方教育评价理论的划分，比较普遍认同的是"教育评价的发展大致经历了测量、描述、判断、建构"❷ 和综合等阶段。

2.1.1　测量阶段：第一代教育评价

这个阶段主要追求测量与测量结果的标准化、客观化，主要是测量技术与手段大量应用。其评价理论关注评价工具和方法的设计、开发和应用。核心观点认为测试是一个可靠和有效的工具，可以用来评估学生的能力和知识水平。

代表人物是美国著名心理学家爱德华·李·桑代克（Edward Lee Thorn-dike）。1904 年，桑代克发表《精神与社会测验学导论》（*An Introduction to the Theory of Mental and Social Measurement*），这是一本测验学史上划时代的著作，标志着教育测验运动的开始。该书系统地介绍了统计方法及编制测验的基本原理，并提出了一个著名的论断："凡是存在的东西都有数量。"该论断奠定了教育测量的基础。1909 年，桑代克又编写了适用于书法、拼字、作文和画图测验的标准化测验工具，包括《书法量表》《拼字量表》和《作文量表》等，形成了教育测验史上最早的标准量表。❸ 之后长达 20 多年的教育测验运动取得了很大成就，极大地扩大了测验的范围和类型，不仅形成了学业成就测验、智力测验，还出现了针对学生品德、观念、态度和性格等的人格测验，编制的大量测验量表至今还在沿用，大大提高了考试测验的科学性，助推考试测

---

❶ 刘志军 . 走向理解的课程评价 [M]. 北京：中国社会科学出版社，2004：172.

❷ 卢立涛 . 测量、描述、判断与建构——四代教育评价理论述评 [J]. 教育测量与评价，2009（3）：4-7，17.

❸ 涂艳国 . 教育评价 [M]. 北京：高等教育出版社，2007：27.

验成为培养人、选拔人和使用人的主要诊断鉴别手段。

这一阶段，人们普遍相信只要经过不懈的努力，学生学习发展的全部内容都可以客观地转化为数据，而且只有这样，才能使教育教学建立在更科学的基础之上。❶测量评价理论的发展使得教育评价可以更加科学和准确地进行。同时，项目式评估、行为细则评价及大规模标准化测验、多维测量理论的引入也使得对复杂概念的测量更加全面和综合。这些理论的发展为教育评价提供了重要的理论基础和方法工具，对评价的科学性和有效性产生了深远的影响，形成了实证主义至上的教育评价模式。

2.1.2　描述阶段：第二代教育评价

伴随着教育测验运动的发展，教育测验的弱点逐渐暴露出来。同时，也随着心理学和教育学开始蓬勃发展，人们反思了以往教育测量只重视知识掌握的倾向，提出测量要关注学生的学习态度、兴趣和品德等方面，并指出，教育活动是有着明确目的性的活动，教育测量如果不与教育目标紧密结合是毫无意义的。描述阶段，开始应对评价测验的不足，以教育目标理论，对测量所得数据进行事实还原，再解释学生学习达成教育目标的程度，并开始关注对学生行为和特征进行描述和记录。

标志事件就是美国进步主义教育协会负责的一项长达8年之久的中学课程改革运动，即美国教育史上著名的"八年研究"，并于1942年发表了"八年研究"报告，即《史密斯—泰勒报告》。在报告中，泰勒首次提出了"教育评价"的概念，并将教育目标作为评价过程的核心和关键。评价被描述为一个过程，而不仅仅是若干个测验。评价不仅要报告学生的成绩，更要描述教育目标和教育结果的一致程度，从而发现问题，改进课程教材、教育教学方案和方法。评价不仅仅是成为衡量教育效果的手段，更成为改进完善教育活动

---

❶ 刘志军.走向理解的课程评价 [M].北京：中国社会科学出版社，2004：174-175.

课程的途径。这个阶段的评价理论强调，评价应该与教育目标紧密相连。评价的目的是描述和衡量学生在特定教育目标下的学习成果和发展情况。评价应该与教学目标一致，并提供反馈和指导以促进学生的进步。为使教育评价达到预期目的，人们发现关键在于要明确每种教育活动的目标。因此，很多学者开始对教育目标进行研究，催生了布鲁姆等人的认知领域教育目标分类学等研究成果，又反过来推动教育评价描述模式走向更加科学化和可操作化。

2.1.3　判断阶段：第三代教育评价

描述对于目标而言，具有统一性，而学生是多元化的、个性化的，所以在判断学生价值上就出现了冲突。在此背景下，20 世纪 50 年代，判断模式出现，要求评价者不仅要运用测量手段收集各种信息，还要根据一定的价值取向评判教育，追求教育多元化。对于这类评价来说，制定价值判断标准尤为重要。

最具代表性的人物是霍华德·加德纳（Howard Gardner），他认为评价应该综合考虑学生的学术能力、非认知能力和社会技能，提出了多元智能理论，强调学生的多样化能力评价。还有，美国教育家格兰特·威金斯（Grant Wiggins），提出了个性化评价的概念和实践方法，认为评价应该根据学生的个体差异和需求，提供个性化的评价方法和反馈。

这一时期的评价理论和评价方法强调综合评价和多元评价，促进了对学生全面发展的评价，对于学生学习成果和能力的评估提供了重要的理论基础和方法指导，并对教育评价的目标指定和评价实践产生了深远影响。

2.1.4　建构阶段：第四代教育评价

建构阶段，始于 20 世纪 80 年代。他们认为："教育过程是受教育者个人自我实现的过程，每个人都是自身的创造者。因此，如果用统一的目标和模式要求他们，限制他们的自由发展，用固定的准绳衡量教育和教学结果，这是根本不能接受的。"❶这些批判从根本上动摇了泰勒模式的价值和伦理基础，开始对教育评价进行重新建构，相继提出各种全新的评价思想和评价模式，其中最具代表性的是目的游离模式、应答评价模式和自然主义评价模式等。他们强调，评价是一种心理建构的过程，提倡价值多元、全面参与和共同建构。评价即评价者与被评价者通过交往、对话、协商而合作建构意义的过程。美国著名评价专家古巴和林肯将这种评价观称为"第四代评价"，其基本特征是"协商建构意义"。❷认知诊断理论和多维项目反应理论成为这个时期教育评价研究和应用的主流。认知诊断理论是新一代心理与教育测量理论的核心，是认知心理学与现代测量学相结合的产物，是当前国外心理测量学领域的一个研究热点。❸多维项目反应理论则是对多重显性能力趋势进行全力测量并对学生的未来发展作出诊断与预测，即对教育未来进行诊断和判断。这一时期，"重视教育评价的效用研究，关注评价结果的认同问题，提出了'让被评价者最大限度地接受评价结果，就是评价的最大效益'的思想。于是，关注评价过程，强调评价过程中评价主体间的相关协商、沟通、理解和让步，强调评价标准多元化、个性化，提倡评价手段的质性化、人性化，成为这一时期教育评价改革的重要理念"❹。

梳理西方教育评价理论发展的历史，我们可以看出，随着教育评价理论和模型的日趋完善，"国家及其教育行政机关更加关心教育评价，并把教育评价作为教育管理过程的基本环节"❺，教育评价的治理功能日渐彰显，使教育

---

❶ 吴钢.西方教育评价发展的原因分析 [J]. 外国中小学教育，2000（3）：19-21.

❷ GUBA E G，LINCOLN Y S. Fourth Generation Evaluation [M]. Newbury Park，CA，Sage，1989.

❸ 刘声涛，戴海琦，周骏.新一代测验理论—认知诊断理论的源起与特征 [J]. 心理学探新，2006（4）.

❹ 施良方，崔允漷.教学理论：课堂教学的原理、策略与研究 [M]. 上海：华东师范大学出版社，1999：330-332.

❺ 同❹。

评价朝着理论联系实际的方向发展，更具生命活力和实践参与度，将评价对象的方方面面牵引其中。

2.2　第五代教育评价理论及其牵引论证

第四代教育评价理论的核心思想是共同建构。由此可见，第四代评价打破了前三代评价的"管理主义""理性主义"倾向，但也存在"容易陷入相对主义和主观唯心主义认识论的误区""操作艰难""难以达成共识""可能导致片面化和绝对化"等局限性。[1]因此，20 世纪 90 年代，美国学者马坦首次提出了"第五代教育评价理论"。该理论从实证主义转向社会建构主义，核心理念是通过行动研究使评价、决策、行动融为一体。[2]

2.2.1　第五代教育评价理论的核心内容

第五代教育评价理论是对传统评价理论的超越和创新，旨在建立一种更全面、多元和个性化的评价体系。

1. 第五代教育评价理论的核心概念是多维度、综合性评价

传统的评价主要关注学生基本知识和技能的评估，而第五代教育评价理论强调评价应该从多个维度来考查学生的学习成果和发展。除了知识方面，评价还应涵盖情感、社会、道德和创造力等多个领域，以全面了解学生的整体发展和能力。

2. 第五代教育评价理论提倡采用多元化的评价方法和工具

传统的评价主要依赖于标准化考试，而第五代教育评价理论强调评价应

[1] 卢立涛. 回应协商共同建构——"第四代评价理论"述评 [J]. 内蒙古师范大学学报（教育科学版），2008（8）：1-6.

[2] 徐昌和. 中美学校评价比较研究：组织、标准与实施 [D]. 上海：华东师范大学，2014：20-22.

该多样化，包括项目作品、口头报告、观察、学生自我评估和同伴评价等多种方法和工具。这样可以更全面地了解学生的学习成果和能力，减少对单一评价结果的依赖性。

3. 第五代教育评价理论尊重个体差异和多样性

第五代教育评价理论认为，每个学生都有自己独特的学习方式和潜力，评价应该考虑学生的个体差异，提供个性化的学习支持和指导。这可以通过关注学生的兴趣、学习风格和发展需求，提供适应性和个性化的评价和反馈来实现。

4. 第五代教育评价理论强调评价的目的是提供有关学生学习的及时反馈和指导

评价结果应该能够帮助学生了解自己的学习进展和改进方向，并为教师提供指导教学和个性化支持的信息。评价不应仅仅是对学生的学习成果的判定，而是要关注学习过程和对发展的支持。

5. 第五代教育评价理论认为评价应该作为教育改革的引领和推动力量

第五代教育评价理论认为，评价结果应该为教育政策制定者和决策者提供数据和信息，以支持教育政策的制定和改进措施。具体包括，通过评估学生的学习成果和能力，可以揭示教育系统和学校的问题与挑战，为改革提供动力和依据。通过了解学校和教育系统的实际表现和需求，评价可以帮助决策者合理分配教育资源，提供支持和改善措施。评价结果可以帮助确定资源优先领域，制定投资策略，提高资源利用效率和公平性。

为此，有研究指出，相比前四代数字评价理论，第五代教育评价理论应该有效克服片面化、绝对化的弊端，实现工具性与价值性、量化评价与质性评价的兼容，体现出更人性、更综合、更立体、更实践、更混沌等特征，充分彰显了对"教育在场"的超越，对"发展无限可能"的追寻。● 也有研究提出，

● 李均，吴秋怡. 大学通专融合：缘起、模式与策略 [J]. 江苏高教，2022（9）：41-47.

第五代教育评价理论所倡导的理论图景及其对教育改革的引领，"将使政府的教育基本公共服务方式由原先的学位提供、教材提供、经费保障向质量监测、发展性评价、教育认证转型，将引导教育的育人方式、办学模式、管理体制等发生巨大变革"❶。当然，也有研究者表示，"国际教育评价理论建构一直由西方学者主导，中国学者在历次评价谱系的更迭中基本处于话语缺位状态。其实，近年来国内关于第五代教育评价理论已经有一些自己的表述，如提出了'立体评价''智能评价''融合评价'等新概念，但并未形成理论体系"❷。希望随着新时代中国特色教育评价改革的深入推进，中国学者对第五代教育评价理论的贡献越来越突出。

2.2.2　实现牵引功能的逻辑论证

通过对前四代教育评价理论的追溯及第五代教育评价理论核心主张的梳理，我们看出第五代教育评价理论的丰富性与实践性将会助推牵引功能得到更充分地发挥。

1. 主体更多元，牵动公共治理

作为评价的主体和被评价的主体都将日趋多元。从评价主体多元来看，评价主体将不单单是政府、第三方专业评价机构，还包括学校、教师和学生的自我评价等。为此，第五代教育评价理论所强调的多元化评价方法和信息化评价手段，将使不同的评价主体更加可能在共同的评价平台上开展评价，同时其所强调的尊重个体差异和多样性，也为不同评价主体之间的相互包容、学习交流提供了价值基础。从被评价主体多元来看，第五代教育评价理论主张评价结果应该作为教育改革的引领和推动力量。这个评价结果，主要是依

---

❶ 课题组 . 构建科学的符合时代要求的教育评价制度——习近平总书记关于教育的重要论述学习研究之七 [J]. 教育研究，2022（7）：4-16.

❷ 李均，吴秋怡 . 大学通专融合：缘起、模式与策略 [J]. 江苏高教，2022（9）：41-47.

据对学生学业成就的评价，寻找和间接揭示教育系统和学校面临的问题和挑战，为改革学校教育提供动力和依据。同时，还可以以直接评价校长、教师及教育决策者为教育改革发展提供直接依据。因此，在第五代教育评价理论中，学生依然是评价的焦点，但评价的对象不仅是学生，还包括与学生相关的多个主体的评价。

而主体多元性与共同治理密切相关，多元主体的参与和参与度在公共治理实践中至关重要。不同的主体代表了不同的利益和需求，他们的参与可以确保公共决策更加全面、平衡，考虑多元利益的权衡；多元的主体参与可以促进信息的共享和沟通，使得决策制定过程更加透明、公正，并且能够更好地考虑各方的意见和建议；多元的主体参与带来了不同的视角和经验，可以促进创新和提供多样化的解决方案，有助于解决复杂的社会问题和应对多样化的挑战；多元主体的参与可以增加决策的合法性和可接受性，因为各方的利益和关注点都得到了考虑和平衡，决策更具代表性。

2. 内容更丰富，牵动评价方法和技术创新

第五代教育评价理论除了考查学生知识方面的学习成果和发展外，评价还应涵盖情感、社会、道德和创造力等多个领域。这是评价理论迭代发展的主线。测量和描述阶段，主要解决对评价对象的知识学习是否测的准的问题；判断和建构阶段，开始关注结果背后的环境、目的等影响因素的作用，重视评价对象及评价主体个人的价值判断和主体建构对评价结果的影响作用。第五代教育评价理论的发展，不仅仅重视学生知识学习的评价及其发展，更重要的是考查学生除知识之外其他各维度、各方面的发展。所以，既要攻克测不准的问题，同时也要解决测不全的问题，带动评价方法、工具和模式得到极大发展。为解决测不准问题，先后出现了系列评价方法。比如，在纸笔测试中增加开放性问题、解决问题的情境或实际应用的任务，以鼓励学生展示更高层次的思维能力；比如，自适应测试根据每个学生的能力水平提供精

准度高的个性化评估，既可以帮助学生在更短的时间内完成测试，同时又能准确地评估其水平；比如，项目制测评，通过让学生完成真实的任务或项目，以展示他们的知识、技能和解决问题的能力，等等，这些都极大地丰富了评价方法和评价工具。与此同时，为解决测不全的问题，利用数字技术也创新出现了许多新的评价工具。比如，虚拟现实评估，通过虚拟现实模拟的情境，评估者可以观察学生的情感反应、社交互动及道德决策，从而了解他们的发展情况。比如，社交媒体分析，通过分析学生在社交媒体平台上的活动和内容，来评估他们的情感、社交和道德发展。又比如，虚拟交互评估，通过与虚拟人物或虚拟情境的互动，评估者可以观察学生的社交技巧、情感表达和道德决策等方面。

3. 作用更突出，牵动教育和社会变革

第五代教育评价理论强调多主体、多维度、多功能的评价理念，所以其对教育相关主体和教育、社会发展的积极作用就更为明显。前两部分分析了多主体、多维度带来的影响和变化，此部分主要分析多功能所产生的影响。一方面，第五代教育评价理论强调对评价对象特别是学生的评估鉴别和反馈指导的功能，它会带来多方面的改进。首先是引导学生自主学习，反馈和指导的重点是帮助学生理解自己的学习需求，这会鼓励学生主动参与学习过程，培养自主学习的能力，以及自我监控、自我调整和自我反思的能力。其次是引导教师教学方式的转变。通过评价的反馈和指导，教师可以更好地了解学生的学习需求和差异，并相应地调整教学方法和学习资源。这有助于为学生提供个性化的学习路径，满足他们的学习需求，提高学习效果。最后是牵引育人方式整体变革。学生学习方式和教师教学方式的改变，必将牵引教育在内容、教材、教法、管理等各方面的整体变革，促使育人方式从传统的知识传授转向以学生为主体的个性化、合作式、实践性、终身化学习，以更好地满足学生的发展需求。

另一方面，第五代教育评价理论强调评价作为教育改革的引领和推动力量，在未来也会发挥越来越重要的作用。一是促进教学质量提升，助力"双减"政策落地。通过客观及时的课堂评价，推动教师专业发展和学校教育管理的改进，从而提高教育的质量和效果，向 45 分钟课堂要质量，减轻学生校内课业负担。二是引导教育目标和课程发展，落实立德树人根本任务。通过开展课程教材评价，了解师生使用情况及其期望和需求，从而制定更符合要求的教育目标和课程内容，推动课程的更新和创新。三是关注教育公平，促进社会稳定和全面进步。通过教育评价，教育改革可以关注不同学生群体的特殊需求和挑战，采取措施减少教育差距，提供平等的学习机会和均衡的教育资源，确保每个学生都能够实现基于自己潜力的充分发展，促进社会稳定和全面进步。

第3章 牵引功能的实践基础

教育评价被公认为世界性实践难题。一方面，从自身看，既有测不准的问题，即纸笔考试所测出来的能力素质并不能代表测评对象在实践生活中的真实素质水平；也有测不全的问题，即面对知识爆炸、知识获取便捷等时代变化，人类更需要的高级认知能力、感知能力、创造能力等，已有的教育评价理论和测评技术还无法评估，甚至是束手无策。另一方面，从自身与外部的关系看，评价对教育各个主体、各个方面的牵引因为社会的快速发展与人类的急功近利而越来越走向反面。如何发挥评价的正向牵引功能，成为教育评价理论和改革实践必须回应的重大问题。

3.1 我国现代教育评价的改革实践

"直到 1905 年，中国废止科举制度，开始参照西方现代学校制度兴办新式学校，现代意义上的教育评价才在西方教育测量和教育评价理论的影响下开始发展起来，并经过一个多世纪的曲折发展，逐渐形成了中国现代教育评价体系。"[1] 刘志军教授在其主编的《教育评价》一书中借鉴华东师范大学陈玉琨教授于 2000 年撰文的三阶段划分，同时考虑到 2001 年基础教育课程改革以后教育评价理论与实践的快速发展，把我国现代教育评价理论的发展历程分为四个阶段：间续发展阶段（1905—1977 年）、理论积累阶段（1977—

---

[1] 刘志军 . 教育评价 [M]. 北京：北京师范大学出版社，2018：17.

1985 年）、持续发展阶段（1985—2001 年）、全面改革阶段（2001 年以后）。同样，考虑到 2012 年以来我国社会各行各业波澜壮阔的改革实践对教育改革、教育评价改革的深刻影响及《深化新时代教育评价改革总体方案》（以下简称《总体方案》）对新时代教育评价改革的系统设计，我们将我国现代教育评价理论与实践发展历程丰富至五个阶段，即在刘志军教授四阶段划分的基础上，增补第五个阶段即全面重塑阶段（2012 年以后）。

3.1.1 间续发展阶段

我国的教育评价是在西方经验运动方兴未艾之时发展起来的。在"壬寅—癸卯"学制中，对学校的测评考试及评定标准作了明确规定：学堂考试分不定期的临时考试及学期、年终、毕业、升学 5 种考试形式。这样，在 20 世纪初，出现了与封建科举制度并存的新教育下的教育测评制度。为了加强对教育的管理和督察，清末建立了督导制度，并设立了相应机构。1905 年，清政府下令停止科举，同时成立学部。学部成立第二年奏定管制，部内设视学官。视学的督导范围，包括各级教育行政部门的工作及各类学校的教育、教学和卫生、设施、经费等各个方面，视学在巡视评价的基础上写出报告，作为对教育行政官员及办学人员的升降、奖惩的依据。❶辛亥革命后，中国学者很快吸收了西方先进的测验理论和方法，开始了现代心理测验的探索。1915 年，克雷顿在广东进行身体和心理（如心理记忆、机械记忆等）的测试，被试者有 500 多人，这标志着测验方法开始传入中国。❷1916 年，樊炳清首先将《比纳—西蒙量表》介绍到我国。1918 年，俞子夷模仿桑代克的《书法量表》编制了《小学生国文毛笔书法量表》，开创了我国教育测量编制的先河。❸"1919 年，陈鹤琴和廖世承在南京师范高等学校讲授测验课程，并用心理测验考查报考

---

❶ 候光文 . 教育评价概论 [M]. 石家庄：河北教育出版社，1996：44.

❷ 张惠芬，金忠明 . 中国教育简史 [M]. 上海：华东师范大学出版社，2001：476.

❸ 郭庆科 . 心理测验的原理与应用 [M]. 北京：人民军医出版社，2002：8.

该学校的学生，这是我国院校第一次设置测验课程。1920 年，由他们俩建立的心理实验室在北京高等师范学校和南京师范高等学校落成，标志着我国有了最早的心理实验室。此后，两人还合著了《智力测验法》。1922 年，美国教育测量学专家麦考尔来华讲学，并指导我国的一些学校编制了 40 多种测验。1931 年，中国教育测验学会在南京成立。1932 年，《测验》杂志创刊。1935 年，中央大学教育学院编制了《小学国语默读测验》《小学算术测验》《小学中年级常识测验》等。"❶ 但是由于 20 世纪 30 年代中华民族战乱频繁，教育测量的研究也停滞不前，甚至连泰勒的 8 年研究成果和"教育评价"的概念都没有传入中国。中华人民共和国成立之初，掀起全盘学习苏联的热潮，当时我国的教育评价研究，实际上主要是学习以五级分制为核心的苏式成绩考评法。如广东教育与文化月刊社主编的《学习五级分制计分法》（华南人民出版社，1952 年 8 月初版）一书，即是关于如何贯彻五级分制的说明。随着中苏两国关系彻底破裂，苏式的考评方法被批判，紧接着"文革"时期，高考中断，招生被取消，致使我国教育评价研究再次受到重创。

3.1.2　理论积累阶段

十一届三中全会以后，随着高考制度的恢复，如何客观、公正、可靠及有效地评价和选拔学生成为棘手的问题。同时，"教育改革势在必行，一线教育工作者渴望教育评价的理论和方法及国外一些教育评价理论知识的传入，分别形成了教育评价恢复和兴起阶段的社会基础、群众基础和理论技术基础"❷。在这个阶段，我国的教育评价取得了一些成绩。1982 年，上海市率先提出了改革教学的 12 字要求："加强基础，培养能力，发展智力。"同年，华东师范大学心理系和上海市教科所联合进行了新的学科考试研究，这

---

❶ 汪飞君，张韩芳，朱琳瑜 . 我国教育评价发展综述 [J]. 科教文汇，2010（25）：21，23.

❷ 同❶。

是我国学科评价的开端。1983 年，国际教育协会（International Education Association，IEA）主席胡森及世界银行高级专员、教育评价专家海德曼等人来华讲学，他们作了《当前世界教育发展的趋势与评价》等报告，全面介绍了国际教育评价研究和实践活动的动态。1984 年，我国正式加入 IEA，在中国教育科学研究院（当时称"中央教育科学研究所"）建立"中国国际教育成就评价中心"，并且教育部确定河北、山西、北京和天津等省市参加 IEA 组织实施的第二次自然科学（包括物理、化学、生物、地理、科学等）教育成就评价研究活动。❶同时，一些翻译和介绍国外和我国台湾地区教育评价的文章专著开始出现，这为当时的学者研究教育评价提供了丰富的资料。

3.1.3　持续发展阶段

改革开放之初，百废待兴，"多快好省办教育，集中力量办重点学校"，是教育事业快速发展的秘诀。"多出人才、快出人才、出好人才"，是衡量教育事业发展的主要标准。在这样的发展逻辑和人才需求下，集中人力、财力、物力投资办学校就成为国家战略，向教育要投资效益，也成为国家教育治理的核心任务。为此，产生了对教育评价的全方位需要，各种教育评价制度和实践开始出现。

1983 年，国务院批准了《1983 年全日制高等学校招考新生的规定》，规定在中央部门或国防科工委系统所属的某些院校，按一定比例实现面向农村或农场等艰苦行业的"定向招生，定向分配，委托培养"。1985 年 1 月，教育部决定在广东开始进行标准化考试实验，同时在上海进行高中毕业会考后高考科目设置的试验，开始试行"3+1"模式。1985 年 5 月，中共中央颁布了《关于教育体制改革的决定》（以下简称《决定》），指出政府有关部门"要改变对高等学校管得过死，使学校缺乏应有的活力的状况""坚决实行简政放权，

---

❶ 卢晓东.中美大学本科专业设置比较 [J]. 比较教育研究，2001（2）.

扩大学校办学自主权"。一方面，加大对高等教育的集中投入；另一方面，又扩大高等学校的办学自主权。对政府的投入成本如何评估，政府如何激发引导学校提高办学活力？双重驱动下，以政府为主导的高等教育办学评估实践应运而生。于是，《决定》明确规定："教育管理部门要组织教育界、知识界和用人部门定期对高等学校的办学水平进行评估。"高等学校办学评估实践拉开帷幕，我国教育评价制度开始形成。1985 年 6 月，教育部召开了"高等工程教育评价问题专题讨论会"，这是第一次全国性的教育评价研讨会，它标志着我国教育评价研究和实践真正开始起步了。❶ 1985 年 11 月，原国家教委发布《关于开展高等教育评价研究和试点工作的通知》，部署高等教育的评价和试点工作。此后，高等教育的评价研究和试点工作开始全面展开。1986 年，又成立了督导室以及各级教育督导室。1988 年，我国成立了全国性学术组织"全国普通教育评价研究会"，1990 年正式定名为"全国普通教育评价专业委员会"，定期召开普通教育评价学术研讨会。同年 10 月，国家教委发布第 14 号令，正式颁布了《普通高等学校教育评估暂行规定》，对教育评价的目的与作用、基本形式、组织和程序以及某些政策都做出了规定。1993 年 2 月，中共中央、国务院颁布《中国教育改革和发展纲要》，提出"建立各级各类教育的质量标准和评估指标体系。各地教育部门要把检查评估学校教育质量作为一项经常性的任务"。1995 年，国家教委正式宣布，高考试行"3+2"改革，即语、数、外＋政治、历史，或语、数、外＋物理、化学。1999 年 3 月，教育部发布《进一步深化普通高等学校招生制度改革的意见》，再度宣布高考科目设置改革，要求用 3 年左右的时间分步骤推行"3+X"科目设置方案，即"语、数、外＋综合能力测试"。其中，综合能力测试又分为文理综合、文科综合和理科综合三种。在这个阶段，国内一些研究教育评价的文章著作大量出现，仅 1981 年到 1990 年间，有关研究中小学教育评价问题的文章达 682 篇，翻译著作达 10 余部，出版教育评价相关理论著作有 40 余部。代表著作有瞿葆

❶ 吴纲 . 我国教育评价发展的回顾与展望 [J]. 教育研究，2000（8）：27-32.

奎教授主编的《教育评价》（人民教育出版社，1989 年）、王汉澜教授主编的《教育评价学》（河南大学出版社，1995 年）、陈玉琨教授主编的《教育评价学》（人民教育出版社，1999 年）等。这些著作阐述了教育评价的基本理论与方法技术，对普及教育评价知识、推动教育评价实践的发展，起到了积极作用。1992 年，我国开始建设社会主义市场经济体制以后，部分省市开始尝试建立教育评价中介机构，如 1993 年建立的北京高等学校教育质量评议中心、1996 年建立的上海教育评估事务所、1997 年建立的江苏省教育评估院等。

3.1.4　全面改革阶段

2002 年，国务院颁布了《基础教育课程改革纲要（试行）》。第八轮基础教育课程改革全面推进，深刻改变了基础教育课程结构，提升了教学水平，推动了教师专业成长。2002 年 12 月，教育部颁布《关于积极推进中小学评价与考试制度改革的通知》，规定了中小学评价与考试制度的原则，助力素质教育全面实施，全国开始开展教育评价的试点和改革。2004 年秋，备受关注的高中新课程改革试验率先在山东、广东、海南和宁夏四个省（区）进行，至 2010 年，全国各省（自治区、直辖市）高中全面进入新一轮课程改革。随着国家一些教育改革政策的颁布，素质教育在全国范围内全面推行，出现了一些素质教育的评价模式，如"主体性素质教育评价模式""个体发展教育评价模式""五育并举目标模式""层次结构目标模式"等，产生了如"素质教育报告单""分数＋等级＋评语"等评价报告模式。❶随着《国家中长期教育改革和发展规划纲要（2010—2020 年）》的颁布，以人才培养模式改革为主线的教育综合改革得到全面推进，考试招生制度改革得到全面关注和深入推进。

---

❶ 肖远军，邢晓玲 . 我国教育评价发展的回眸与前瞻 [J]. 理论探讨，2007（12）：12-14.

3.1.5　全面重塑阶段

2014 年 9 月，国务院发布《关于深化考试招生制度改革的实施意见》，明确提出新一轮考试招生改革的总体目标："2014 年启动考试招生制度改革试点，2017 年全面推进，到 2020 年基本建立中国特色现代教育考试招生制度，形成分类考试、综合评价、多元录取的考试招生模式，健全促进公平、科学选才、监督有力的体制机制，构建衔接沟通各级各类教育、认可多种学习成果的终身学习'立交桥'。"截至 2023 年，已有 29 个省份公布新的高考方案。

2015 年 5 月，教育部颁布了《关于深入推进教育管办评分离、促进政府职能转变的若干意见》，要求推进教育管办评分离，厘清政府、学校、社会之间的权责关系，健全学校自主发展、自我约束的运行机制，转变政府职能，开展第三方评估，以构建三者之间新型的良性互动机制。第三方教育评价机构迎来快速发展阶段。2018 年在全国教育大会上，习近平总书记明确指出："要坚决克服唯分数、唯升学、唯文凭、唯论文、唯帽子的顽瘴痼疾，从根本上解决教育评价指挥棒问题，扭转教育功利化倾向。"强调"对学校、教师、学生、教育工作的评价体系要改，坚决改变简单以考分排名评老师、以考试成绩评学生、以升学率评学校的导向和做法。"为落实中央精神，2020 年 9 月《深化新时代教育评价改革总体方案》（以下简称《总体方案》）出台，系统设计了新时代教育评价改革，明确提出改革党委和政府教育工作评价，推进科学履行职责；改革学校评价，推进落实立德树人根本任务；改革教师评价，推进践行教书育人使命；改革学生评价，促进德智体美劳全面发展；改革用人评价，共同营造教育发展良好环境。"到 2035 年，基本形成富有时代特征、彰显中国特色、体现世界水平的教育评价体系。"教育评价改革全面推进，发挥价值牵引作用，扭转教育功利化倾向；发挥治理功能，五破五立破解顽瘴痼疾；发挥牵引功能，牵引育人方式、办学体制、管理制度、保障机制改革，构建教育高质量发展体系。

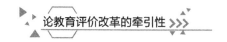
3.2　当前教育评价改革面临的国内外形势

在我国，教育评价改革进入全面重塑阶段，全面重塑阶段的标志就是《总体方案》的出台。《总体方案》的设计理念及核心改革任务，不仅回应了"区域资源配置不够均衡、城乡教育差距亟待缩小、人才培养模式改革需要提速、教育创新与服务潜力尚未更好释放、人民群众对高质量教育体系的需求相比还有很大差距"❶的现实需求，同时也反映了世界教育普遍存在的功利化倾向。因此，改革的落地落实，不仅有望解决中国教育的实际问题，更有助于为世界贡献中国智慧，为世界第五代教育评价理论迭代发展提供丰富生动的实践案例和经验做法。

3.2.1　世界教育功利化表现突出亟待破解

教育功利化倾向并不是现阶段中国独有的问题。放眼世界，欧美日韩等发达国家及地区也存在着功利化倾向下的种种异化和极端的教育表现。

1. 中小学生课外补习问题突出

国际研究界通常将中小学生的课外补习称为"影子教育"（shadow education）。影子教育在深受儒家文化影响、高度重视考试和升学的东亚和东南亚地区由来已久。例如，根据韩国教育部的数据，超过 80% 的中小学生参加过至少一门课外补习。韩国学生通常在学校放学后继续参加补习班，每天的学习时间往往超过正常上学时间的两倍。根据一项研究，韩国家庭平均每年为子女的补习费用支出超过家庭收入的 20%。日本中小学生课外补习参与率普遍超过 60%。❷2000 年以来，中小学生课外补习问题在世界范围内呈现膨胀趋势。2005—2014 年，英国接受过课外辅导的学生占比从 18% 上升到 23%，

---

❶ 陈宝生 . 建设高质量教育体系 [N]. 光明日报，2020-11-10.

❷ 课题组 . 扭转教育功利化倾向 [J]. 教育研究，2020（8）：4-17.

而伦敦地区这一比例则已经达到 37%。[1] 美国有 14%~21% 的高中生在学术能力评估测试（SAT）或大学入学考试（ACT）前会参加课外补习课程。[2] 即使在没有课外补习传统的北欧国家，近年来影子教育也在扩张之中。[3] 总体而言，在以选拔性考试为主的教育体系中，以及在教育的个人经济收益率更高的国家和地区，课外补习也更为普遍。[4]

2. 过度教育普遍存在

"过度教育"（over education）最早是经济学家对美国劳动力市场进行分析时提出的概念，目前已经成为一个全球性问题。[5] 美国是过度教育问题较为突出的国家。当前，美国高等教育的毛入学率已经超过 80%，但研究显示，自 1990 年以来，事实上有 38%~49% 的美国大学毕业生在从事着并不需要大学学位的工作；在毕业十年后，这一比例还有 30%。[6] 并且近年来，这一趋势还在扩大。[7]"相关数据也显示，有大学学位的人平均收入高于没有大学学位的人。这使得'追求大学文凭——以贷款支付高等教育成本——就业不足、收入低于预期——长期背负贷款债务'在美国成为一个难以解决的问题链条，引发了社会的关注。"[8] 在英国，学生通常需要参加各种额外的学习班、私人

[1] TRUSTS.Extra-curricularInequality[R/OL].（2014-09-03）[2023-06-10]. https : //www.suttontrust.com/wpontent/uploads/2014/09/extracurricular-inequality.pdf.

[2] DANGH，ROGERS F H. How to Interpret the Growing Phenomenon of Private Tutoring : Human Capital Deepening，Inequality Increasing，or Waste of Resources [R].Washington : The World Band Development Research Group，2008 : 2-32.

[3] 贝磊. 欧洲地区影子教育研究：发展态势、动因及政策启示 [J]. 全球教育展望，2020（2）.

[4] 贝磊."影子教育"之全球扩张：教育公平、质量、发展中的利弊谈 [J]. 比较教育研究，2012（2）.

[5] 课题组. 扭转教育功利化倾向 [J]. 教育研究，2020（8）:4-17.

[6] ABEL J R，DEITZ. Are the Job Prospects of Recent College Graduates Improving [EB/OL].（2014-09-04）[2023-06-18]. https : //libertystreeteconomics. newyorkfed. org/2014/are-the-job-prospects-of-recent-college-graduates-improving. html#. Vko9H6SYVgo.

[7] CLARK B，et al. The Career Prospects of OvereducatedAmericans [J]. IZA Journal of Labor Economics，2017（3）.

[8] 同[5]。

补习和培训机构，以应对考试和提高成绩。此外，大学入学竞争也较为激烈，学生常常需要参加额外的课外活动和志愿服务，以增加他们的竞争力。法国的教育体系注重学术成绩和文凭的取得，学生通常面临高考（Baccalauréat）这样的重要考试，该考试对进入大学和职业选择有着重要影响。为了备考，学生可能参加课外补习班和私人辅导，以追求更好的成绩。

3. 家庭教育焦虑普遍严重

"家庭的教育焦虑近年来在主要发达国家也成为一个越来越普遍的问题，突出体现为'密集教养'（intensive parenting）成为一种主流的教育文化。"❶有研究者对美国 3642 名家长进行调查，发现不同阶层、种族和收入水平的家长，普遍都认同应当以更昂贵的方式养育子女。❷经济学家和社会学家认为，经济焦虑是"密集教养"方式背后最重要的动因。根据韩国教育发展研究院的一项调查，韩国中小学生的家庭教育压力指数为 100 分满分，平均得分达到了 82.5 分。根据英国心理学会的一项调查，约三分之一的英国家长认为他们在子女的教育方面感到焦虑和压力。"西方各国近年来经济发展放缓，未来前景不确定性增加。相比于战后'婴儿潮一代'，今天的家长普遍对子女能否在未来保持经济地位或者实现阶层跃升抱有极大的怀疑，只能通过增加育儿和教育投入来做出努力。网络时代公共媒体的大肆渲染和商业机构的推波助澜也进一步加重了这种焦虑。"❸根据英国心理学会的一项调查，约三分之一的英国家长认为他们在子女的教育方面感到焦虑和压力。

3.2.2 "十四五"时期我国教育高质量发展的需要

党的十九届五中全会擘画了未来五年和中长期发展的宏伟蓝图，全会

---

❶ 课题组. 扭转教育功利化倾向 [J]. 教育研究，2020（8）：4-17.

❷ ISHIZUKA P. Social Class, Gender, and Contemporary Parenting Standards in the United States : Evidence from a National Survey Experiment [J]. Social Forces, 2019（1）.

❸ MILLER C C. The Relentlessness of Modern Parenting [N]. New York Times, 2018-12-25.

审议通过的《中共中央关于制定国民经济和社会发展第十四个五年规划和二〇三五年远景目标的建议》，提出了到 2035 年建成教育强国的奋斗目标，明确了"十四五"时期建设高质量教育体系的战略任务。在新时代，高质量不只要修饰教育，更要修饰体系，修饰教育属于发展问题，修饰体系则离不开改革。

1. 高质量发展关系发展模式的转向，需要评价引导

一方面，构建高质量教育体系，必须在高质量上做文章。现阶段，衡量高质量的核心指标已经不再是数量、规模、投入等硬性指标。根据 2021 年《中国教育统计年鉴》统计，2021 年学前教育的毛入园率为 86.7%，小学学龄人口的入学率为 99.7%，初中、高中、高等教育阶段的毛入学率分别为 91.2%、88.1% 和 52.5%，高等教育进入普及化阶段，特殊教育不断加强，继续教育多样化推进。教育普及水平稳居世界中上收入国家行列。我们已经建成了世界上最大规模的教育体系，实现了向外延发展到内涵发展模式的转变。

对于教育的内涵式发展，学术界有各种解释，内涵丰富。换一种思路，我们认为，教育内涵式发展，首先不是规模发展，意味着不仅仅只注重数量，而关注的是每一个个体的发展程度和水平，强调促进学生德智体美劳全面发展，认知、情感、道德、社会交往等多维度综合发展。其次不是外围发展，意味着不只注重硬件，而关注涉及教育高质量发展的学校内部课程、教材、教法的科学性和高质量。强调教育管理的民主化、科学化，教育方法的多元化、综合化等。最后不是局限于自身的发展，意味着不只注重自身发展进步的空间，更关心在世界上的坐标及对世界教育制度和教育理论的贡献度。所以，需要与之相适应的各个方面的评价制度改革，将教育相关主体的关注焦点与追随的目标引导和吸引到教育内涵发展所关注的内容上来。同时，也需要评价制度以问责和惩罚的方式，扭转教育评价相关主体的思维惯性和行为惯性，以适应教育发展模式转型的需要。

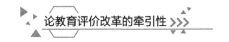

2.高质量发展更在于系统改革，需要评价牵引

构建高质量教育体系，必须还要在体系上下功夫。这里有两层含义：一是从教育与外部关系看，不仅要健全对标服务全民的终身学习体系，更要健全学校家庭社会协同育人体系。"办好教育事业，家庭、学校、政府、社会都有责任""全社会要担负起青少年成长成才的责任"。通过学校与家庭合作、社会组织参与、社区自治、信息公开与共享，公众参与意识的培养与培育，构建起良好的全社会参与、支持教育的协作机制，形成对个体的终身学习需求的不断满足，这是高质量教育体系必须回应的问题。评价如何牵引社会相关主体主动参与其中，同时又能够对学习者个体不同时段不同空间不同形式的学习活动予以认证以引导个体在终身学习体系中获得最大收益，为家校社协同育人贡献更大力量，实现"人人皆学、处处能学、时时可学"的目标。这是新时代教育评价改革的难点之一。

二是从教育内部看，既要构建德智体美劳全面培养的教育体系，又要形成更高水平的人才培养体系。前者是构建五育并举的内容体系，后者是构建高水平的保障体系。就前者言，建立一个包括认知能力、情感素养、社会责任感、道德品质和创造力等多个维度的综合评价指标体系，采用多样化的评价方法，包括考试、作业、课堂表现、项目作品、实践活动等，引导社会参与、家校合作，建立及时向学生和家长提供综合评价结果和发展建议的评价反馈机制，全面统筹教育内容、评估学生综合发展。就后者言，评价既是高水平保障体系的重要组成部分，同时也是构建高水平教育保障体系的重要抓手，可以通过制定涵盖教学质量、师资水平、学生综合素质培养等方面的教育质量标准和指标，为教育的评价和监督提供基础，确保教育机构和教育者都遵循高质量教育发展的要求。

3.3 全面重塑阶段教育评价改革强牵引功能的论证

历史已经证明，用得好的评价制度会给国家和社会带来积极帮助。因此，新时代的教育评价改革不仅需要变革教育评价制度，更需要用好教育评价的"指挥棒"效应，保障其功能的有效发挥。《总体方案》围绕"破五唯"，坚持破立并举，系统设计了教育评价改革的实践路径。从破的角度看，就是要破五唯，扭转教育功利化倾向，解放教育相关主体的活力和生产力。从立的角度看，就是要积极主动迎接时代挑战，构建科学的教育评价体系，牵引、带动教育实现科学发展，并为社会全面进步提供强大支撑。

3.3.1 科学的教育评价体系充分体现了中国实际

习近平总书记在全国教育大会上明确强调"有什么样的评价指挥棒，就有什么样的办学导向"。科学的教育评价应该发挥的牵引功能，主要表现为牵引社会发展、人才选拔、教育治理和办学方向等。基于马克思主义本质观分析，构建科学的教育评价体系，关键要把握教育评价正向功能发挥的本质要求，其本质不在于把握一般的技术性要求，而在于掌握特殊的社会性特征，这种特殊的社会性凸显了深深的时代特征和文化基因。

1. 时代特征

当前，构建科学的、世界一流的教育评价体系是中国乃至世界面临的一个教育难题，也是我国深化教育体制机制改革的一项重要任务，必须从中国自身的优势寻找完成目标任务的特殊答案。《总体方案》的出台，标志着我国新时代教育评价制度改革已从局部改革进入总体改革的新阶段，这是构建科学的教育评价体系的时代特征。进入新阶段，将全面重塑教育评价改革的实践，新形态的教育评价改革必然会对教育其他领域综合改革的全面推进产生影响。

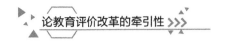

2. 传统优势

习近平总书记明确强调 "办好教育事业,家庭、学校、政府、社会都有责任,谁都不是旁观者,谁都不能置身事外"❶。调动各类评价主体的积极性,构建政府、学校、社会等多元参与的评价体系,对我们而言是有很强的传统优势和基础的。一是文化优势。中国文化注重知识的传承,中国的教育体系在一定程度上也强调考试和竞争。这种注重知识和竞争意识,激发了全社会追求卓越的态度,促使大家重视、关心、支持教育,尊师重教。中华人民共和国成立以来,还形成了人民教育人民办、坚持以人民为中心的教育理念。教育是国家强盛的基础,也是民生工程。以评价改革为牵引发展教育以适应社会发展需求,具有极大成功的可行性。二是制度优势。中国的教育改革具有统一的决策和实施机制。国家层面制定教育改革的总体方向和目标,各级政府和教育部门负责具体实施,这种统一的机制有助于确保政策的贯彻和执行效果。教育评价改革的设计也顺应教育总体改革发展方向,具有一致性,正向牵引功能的发挥也更有可能性。

3.3.2 教育评价改革的世界趋势

世界各国都意识到教育评价对于提高教育质量、教育政策制定和推动教育改革的重要性,纷纷采取措施改革本国的教育评价体系,适应教育的高质量发展和决策的科学性。

1. 多维评价

许多国家正在推动从传统的单一学业成绩评价向多维度的评价方法转变。这种趋势使得学生的多元能力得到更好的识别和发展,不仅关注他们的学业成绩,还考虑他们的创造力、批判思维、合作能力和社会责任感等。这种综

---

❶ 习近平 . 论坚持党对一切工作的领导 [M]. 北京：中央文献出版社，2019：280.

合评价有助于培养学生的全面发展，适应日益复杂的现实世界。但不容忽视的是，尽管有多维评价的趋势，标准化评估仍然在许多国家被广泛采用。这些评估涵盖众多的学科领域，旨在比较学生和学校的绩效，并为政策制定提供数据支持。比如，加拿大在教育评价中采用多维度的方法评估学生的综合表现，他们注重对学生的学术成绩、个人素质、社交技能和创新能力等方面的评估。加拿大采用多种评价工具，如标准化测试、学生自评、教师评估和项目作品评价等，以获取更全面的评价信息。挪威在教育评价中也强调多维度评价的重要性，以此评价学生的学术成绩、社会技能、创造力和自主学习能力等。挪威采用不同的评价方法和工具，如学生自我评价、同行评价和学校评估等，以获取全面的学生综合表现。

2. 重视教师和学校的评价

世界各国教育评价改革越来越关注对教师和学校的评价，包括对教师教学效果的评估、学校绩效评价和管理，以及为教师和学校提供支持和发展机会。通过评估教师的教学效果和学校的绩效，可以为教师提供反馈和专业发展机会，推动教师的专业成长和教育质量的提升。同时，学生、教师和学校的自主评价和反馈机制的引入，赋予了他们更多参与评价过程的权利，使得评价更加客观、全面和有针对性。比如，芬兰以其高质量的教育体系而闻名，他们非常重视教师和学生评价。芬兰的评价方法强调个别评价和建设性反馈，鼓励教师和学生在教学和学习过程中积极参与评价。教师评价主要基于专业对话和同事合作，而不是仅仅依赖于标准化测试。学生评价被视为重要的参与机会，鼓励他们分享对教学和学习的看法。

3. 利用技术和创新工具支持评价

随着技术的不断进步，许多国家开始利用技术和创新工具来支持教育评价，包括在线评估、自适应评估系统、数据分析工具等。在线评估、自适应评估系统和数据分析工具等技术手段的应用，提高了评价的效率和准确性，为教育决策和教育改革提供了更可靠的数据支持。比如，新西兰发展了在线评估平台，用于学生的标准化测评和个性化评估。这种平台提供了实时的反馈和数据分析，帮助教师了解学生的学习需求，并为教学调整和个性化指导提供支持。新西兰还通过数字化学习资源和在线学习平台，促进学生的自主学习和个性化发展。

4. 构建多层次评价体系服务决策

教育评价越来越与政策制定和改革密切相关。评价结果被用于决策和政策制定，以提高教育质量、促进教育公平和推动教育改革。因此，一些国家正在建立多层次的评价体系，以确保评价方法的多样性和完整性。比如，新加坡构建了学校级、地区级和国家级多层次评价体系并建立了教育数据系统。其通过内部和外部评估来进行学校级评估。内部评估由学校自行进行，以衡量学校的绩效和发展需求。外部评估由教育部门进行，评估学校的教学质量、学生成绩和管理效能等方面。这种学校级评估系统有助于提高学校教学的质量和效果，并为学校提供改进的指导。地区级评估旨在比较不同学校在同一地区的绩效，并提供支持和指导。地区教育局通过对学校的访问、观察和数据分析，评估学校的教学实践、师资质量和学生学业成果等，为学校提供改进和发展的建议。作为多层次评价体系的顶层，新加坡进行国家级评估来衡量整体教育系统的效果。这些评估包括全国性的标准化考试和评估项目，涵盖了多个学科和年级。国家级评估为政府提供了重要的数据支持，用于制定教育政策、改进教育质量和推动教育改革。

尽管不同国家在教育评价改革方面存在差异，但共同的目标是通过评价来推动教育质量的提升、促进公平和支持教育改革。教育评价的努力改革使得教育体系更加注重个体发展和终身学习，将教育从传统的知识传授转变为能力培养和素养发展的过程。然而，教育评价改革也面临一些挑战。例如，评价方法的客观性和公正性、评价结果的使用方式和政策对教育评价的过度依赖等。因此，持续的研究和反思是必要的，以确保教育评价的有效性和公正性，为全球教育提供更好的指导和支持。

3.3.3　牵引是构建具有世界水平教育评价体系的主要路径

《总体方案》明确要求：改革党委和政府的教育工作评价，推进科学履行职责；改革学校评价，推进落实立德树人根本任务；改革教师评价，推进潜心教书育人使命；改革学生评价，促进德智体美劳全面发展；改革用人评价，共同营造教育发展良好环境。立足我国教育评价体系构建的特殊性要求，五大主体共同努力，形成协同共育、协调推进教育改革发展的中国力量。

1. 改革党委和政府教育履职评价

"破"的是短视行为和功利化倾向，"立"的是科学履行职责的体制机制。在中国，作为国家的行政机构和领导核心，党委和政府在政治、经济、社会和文化等各个领域扮演着决策、管理和服务的角色。以破除党委和政府在教育履职评价的短视行为和功利化倾向，有助于发挥榜样和带头作用，率先为全社会营造良好的氛围。同时，构建科学履行职责的体制机制，对于促进教育公平、提交教育质量，办好人民满意的教育意义重大。

2. 改革学校评价

"破"的是重智育轻德育、重分数轻素质等片面办学行为，"立"的是立德树人落实机制。作为教育的基本单位，学校是学生接受教育的主要场所和基本组织，通过教学、教育和管理等，为学生的学习、成长和发展提供支持和指导，促进他们全面发展和成为社会有用的人才。改革学校评价，引入德育评价指标，如学生的道德品质、思想道德修养、公民意识等方面的评价内容；提升教师的德育工作水平，通过考察教师的德育水平、德育方法的运用等，引导他们注重德育，积极履行立德树人的使命，为学生的品德和价值观培养提供支持。

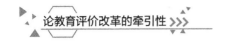
3.改革教师评价

"破"的是重科研轻教学、重教书轻育人等行为，"立"的是潜心教学、全心育人的制度要求。一方面，教师在教育评价改革中担当着多重角色，他们是教育评价改革的实施者、推动者、创新者、参与者和引导者，对于教育评价改革的成功实施起着至关重要的作用。另一方面，教师又是教师评价改革的对象。好的教师评价改革，受益最大的是教师群体。同时，通过实施好的教师评价改革，引导教师作为受益者直接参与和推动整个教育评价改革就成为可能。因此，教师评价改革具有牵引整个教育评价改革的能力。当前，改革教师评价，一是建立一个多元化的评价体系，包括学生评价、同事评价、家长评价、校长评价等多个维度，全面评估教师的教育质量和专业素养。二是引入发展性评价机制，包括定期的评价和反馈，为教师提供改进和发展的机会。通过定期的评价，帮助教师发现自身的不足，并提供相应的培训和支持，促进其持续专业发展。三是建立支持和奖励机制，激励教师投入潜心育人的工作。可以设立教学成果奖励、教学研究项目资助等制度，鼓励教师在教育实践中的创新和研究。同时，要确保评价结果的公正性和公平性，避免评价结果对教师造成不当的压力。

4.改革学生评价

"破"的是以分数给学生贴标签的不科学做法，"立"的是德智体美劳全面发展的育人要求。学生是教育的主体，在教育评价改革中是重要的参与者和受益者。他们的参与、反馈和发展是教育评价改革的关键要素。学生是教育评价改革的出发点和落脚点。一切教育评价改革最终的指向都是服务学生的发展，评价标准也是促进学生的发展。除了评价学生的学业成绩，改革学生评价还应注重学生的综合素养评价，这包括学生的创造力、批判思维、沟通能力、人际关系、领导力、道德品质等。改革学生评价还可以引入自我评价和同伴评价的机制。学生通过自我评价，反思自己的学习过程和成果，认识自己的优势和不足。同伴评价则可以促进学生之间的互相学习和合作，培养团队意识和互助精神。

5.改革用人评价

"破"的是文凭学历至上等不合理用人观，"立"的是以品德和能力为导向的人才使用机制。社会用人导向直接影响着教育的人才培养模式和评价标准，对学校教育的办学方向和家长的教育期望具有鲜明的示范作用。所以，用人评价和教育评价是两个不同但密切相关的概念。用人评价结果和反馈可以为教育评价提供反馈和改进的线索。通过了解用人单位对学生能力和素质的需求，教育机构可以调整教育目标、教学内容和方法，更好地培养符合用人单位和社会发展需求的人才。特别是在就业竞争激烈的情况下，用人评价对人才培养规格和学生能力、素养发展具有强导向作用。建立以品德和能力为导向的人才使用机制，必须设立既注重个人的品德和道德素养，又关注其能力和技能水平综合评价指标体系，引入权威机构、专家团队提供评估的专业意见，全面客观公正评估人才的综合素质，切实发挥对教育的强引导作用。

第4章 牵引功能的技术基础

2020年4月，中共中央、国务院印发《关于构建更加完善的要素市场化配置体制机制的意见》，第一次把数据正式列为与土地、劳动力、资本、技术并列的第五大生产要素。数据已经成为一种新型的生产要素，深刻地影响着全社会的生产和老百姓的生活。可以预见，与土地、劳动力、资本等有形生产要素对教育各方面的局部影响相比，技术和数据等无形的生产要素对教育的影响将是不可限量的。面对信息技术的蜂拥而至，新时代推进教育评价改革的前提必须是更加广泛地将教育资源数字化、网络化和智能化，以便更加有效地使用数据开展全过程、全方位、多维度和立体式评价。党的二十大明确提出"加快数字中国建设""推进教育数字化"，教育评价改革应抢抓数字中国建设的机遇，让新技术赋能教育评价改革，实现以评促建、以评促学、以评促教的改革目的。

4.1 各国的数字战略

数字技术是一种基于数字信息的处理、存储、传输和展示的技术体系，它包括计算机科学、电子通信、数据处理、信息安全等多个领域，在经济、社会、科学、文化等领域发挥着重要作用。随着云计算、人工智能与区块链等新一代数字技术的发展与应用，数字驱动变革与发展已经成了世界性的主题。2020年9月，联合国教科文组织、国际电信联盟和联合国儿童基金会联合

发布了《教育数字化转型：学校联通，学生赋能》，关注教育的数字化连通。❶
同年，欧盟发布了《数字教育行动计划（2021—2027 年）》，明确了欧盟层面
未来需要推进"促进高性能的数字教育生态系统的发展"和"提高数字技能
和能力以实现数字化转型"两大战略事项。❷"除此之外，为迎接数字技术带
来的机遇与挑战，世界各国纷纷出台了一系列的数字化发展战略和计划，全
方位推动教育领域的数字化变革。"❸比如，启动国家战略规划以完善数字化
教学设备和资源，拟定数字化素养框架或将数字化素养培养纳入国家课程体
系，通过教育和培训计划提升师生数字化素养等举措纷纷出台。"可见，数字
化是当前教育改革与发展的核心议题，教育数字化成为国际教育改革的重点
和趋势，已经是一个不争的事实。"❹

4.1.1　美国的数字战略

美国政府为应对数字技术的挑战，近年来在数据隐私、网络中立性、人
工智能、自动驾驶、数字化医疗和网络安全等领域都出台了系列政策和文件。

（1）加州消费者隐私法（California Consumer Privacy Act，CCPA）：该法
律于 2020 年 1 月 1 日生效，旨在保护加利福尼亚州居民的个人数据隐私权，
要求企业提供更多的透明度和选择权给消费者。

（2）欧盟通用数据保护条例（General Data Protection Regulation，GDPR）：
虽然不是美国国内的法规，但 GDPR 对涉及欧盟公民数据的美国公司也产生
了重要影响，要求更严格的数据保护和隐私规定。

---

❶ SEPULVEDA A. The digital transformation of education：connecting schools，empowering learners [DB/
　OL].（2021-11-01）[2021-11-01]. https：//unesdoc.unesco.org/ark：/48223/pf0000374309.

❷ EUROPEAN COMMISSION. Digital education action plan 2021-2027：resetting education and training
　for the digital age [EB/OL].（2020-09-30）[2021-11-01]. https：//ec.europa.eu/education/education-in-
　the-eu/digital-education-action-plan_en.

❸ 祝智庭，胡姣，教育数字化转型的实践逻辑与发展机遇 [J]. 电化教育研究，2022（1）：5-15.

❹ 同❸。

（3）人工智能研究与发展战略：2019 年，美国政府发布了《美国人工智能战略》报告，提出了促进人工智能技术发展和应用的目标和计划。

（4）自动驾驶汽车政策：美国交通部制定了一系列政策和指南，以支持自动驾驶汽车技术的研发和部署，包括推动测试和创新，同时确保安全和监管合规性。

（5）电子健康记录（Electronic Health Records，EHRs）：美国政府推动医疗行业采用电子健康记录系统，以促进医疗数据的互通和共享，提高医疗服务的质量和效率。

（6）远程医疗和电子病例隐私保护：为了促进远程医疗技术的发展，美国政府发布了相关政策和指导，包括远程诊断和远程监护的规定，并强调保护患者隐私的重要性。

（7）网络安全框架：美国国家标准与技术研究院（NIST）发布了网络安全框架，提供了一套最佳实践和指南，用于保护关键基础设施和信息系统的安全。

这些政策举措只是美国应对数字技术发展的一部分，涵盖了数据隐私、人工智能、自动驾驶、数字化医疗和网络安全等领域。随着技术和社会的变化，美国政府可能会进一步制定和调整相关政策。

4.1.2 爱沙尼亚的数字战略

爱沙尼亚被广泛认为是数字化领域的领先者，建立了一个高度数字化的社会，提供了电子政府服务、电子身份认证、在线投票等。爱沙尼亚还注重数字教育和培训，培养人才来推动数字技术的发展。

（1）电子身份认证：爱沙尼亚引入了电子身份卡（ID 卡），使公民能够在互联网上进行安全的身份认证，并使用电子签名进行文件和交易的认证。

（2）X-TEE 数据交换平台：爱沙尼亚建立了安全的数据交换平台，实现了政府部门之间的信息共享和协作，提高了政府服务的效率和便利性。

（3）编程教育：爱沙尼亚在学校教育中推广编程教育，将计算机科学和编程纳入课程，培养学生的数字技术和创新能力。

（4）数字教材和在线学习平台：爱沙尼亚推动使用数字教材和在线学习平台，提供个性化的学习体验和资源，促进学生的自主学习和创造性思维。

（5）e-Residency 项目：爱沙尼亚推出了 e-Residency 项目，允许全球公民注册成为爱沙尼亚的电子居民，获得电子身份卡和在线业务办理权，促进了数字经济和远程创业。

（6）数字安全战略：爱沙尼亚制定了全面的数字安全战略，加强网络和信息系统的安全防御，包括建设网络防御体系、推动安全文化和培训等。

这些政策和举措使爱沙尼亚能够实现高度数字化的社会和政府服务，为公民和企业提供便利和安全的数字化环境。

4.1.3　新加坡的数字战略

新加坡积极推动数字化转型，并致力于建设智慧国家。他们在电子政府、智慧城市、数字金融等领域取得了显著成就。新加坡政府还投资于科技研发和创新，推动科技创业和人才培养。

（1）智慧国家 2025 战略：新加坡政府制定了数字新加坡 2025 战略，旨在推动数字化转型，促进数字技术的应用和创新，打造智慧国家。

（2）智慧城市：新加坡推动智慧城市的发展，通过数字技术和物联网连接城市基础设施，提供智慧交通、智慧能源管理、智慧建筑等服务。

（3）移动支付：新加坡推动移动支付的普及，如通过支付应用和电子钱包促进无现金支付和电子交易。

（4）开放数据政策：新加坡政府鼓励机构和企业开放数据，以促进创新和发展新的数字解决方案。新加坡推动公共部门和私营部门之间的数据共享，提高数据的利用效率和交叉应用能力。

（5）人工智能战略：新加坡制定了人工智能战略，加强人工智能的研发和应用，推动人工智能在不同领域的发展和利用。

（6）数字教育：新加坡在学校教育中注重数字技术的教育，培养学生的数字技能和创新能力。

这些政策和举措使新加坡能够实现数字化转型和智慧国家的目标，推动数字技术的应用和创新，促进经济发展和社会进步。

4.1.4　芬兰的数字战略

芬兰在教育和创新方面做得很好，注重数字技术融入教育体系，并鼓励学生学习编程和计算思维。芬兰还鼓励创新和科技创业，培育数字技术领域的人才和企业。

（1）编程教育：芬兰政府将编程纳入学校课程，鼓励学生学习计算机科学和编程技能，培养数字技术和创新能力。

（2）数字工具和平台：芬兰推广使用数字工具和在线平台来支持学生的学习，提供个性化和自主学习的机会。

（3）创新生态系统：芬兰政府鼓励创新和创业，提供创业孵化器、科技园区等，支持培育数字技术领域的创新企业。

（4）电子健康记录：芬兰推行电子健康记录系统，使医疗数据更加可靠和便捷，促进医疗服务的数字化转型。

（5）远程医疗和健康应用：芬兰推动远程医疗和健康应用的发展，通过数字技术提供远程诊断、健康监测和医疗咨询等服务。

（6）电子政府服务：芬兰政府提供广泛的电子政府服务，包括在线办事、电子身份认证和电子签名等，提高公民和企业的便利性和效率。

这些政策和举措使芬兰能够在数字技术领域取得进展，将数字化融入教育、创新、医疗和政府服务等各个领域，提高社会效率和人民的生活质量。

4.1.5　韩国的数字战略

韩国在数字技术领域表现出色，拥有高速的宽带网络和广泛的网络覆盖。韩国在智能手机、电子游戏和电子商务等领域有很多成功的企业。韩国政府也积极推动数字化转型和科技创新。

（1）5G 推广计划：韩国政府制定了 5G 推广计划，加快 5G 网络的建设和商用化，促进物联网、智能制造等领域的发展。并致力于推广高速宽带网络，提供全国范围内快速和稳定的网络连接。

（2）人工智能战略：韩国制定了人工智能发展战略，加强人工智能技术研发和应用，推动人工智能在各个领域的发展。

（3）大数据利用：韩国政府鼓励大数据的收集和利用，以促进数据驱动的创新和决策。

（4）数字教育政策：韩国政府注重数字化教育的推广，鼓励学校使用数字技术和在线学习平台，提供个性化和创新的学习体验。

（5）数字政府服务：韩国政府推动数字化政府服务，提供在线办事和电子政务服务，提高公民和企业的便利性和效率。

（6）数字化医疗：韩国推动数字化医疗的发展，包括电子病历、远程医疗和智能医疗设备等应用，提高医疗服务的质量和效率。

这些政策和举措使韩国能够在数字技术领域取得进展，推动科技创新、数字化转型和社会发展。

4.1.6　以色列的数字战略

尽管地处中东地区，以色列在科技和创新方面取得了显著成就。以色列在数字安全、人工智能、生物技术等领域拥有许多创新企业。以色列政府鼓励创新和科技创业，并提供支持和资源。

（1）数字安全政策：以色列高度重视数字安全，在网络安全、数据保护和防范网络攻击等方面制定了相应的政策和法规，保护公民和企业的个人信息和数据隐私。

（2）创新教育和培训：以色列政府注重创新教育，鼓励学校培养学生的创新思维、科技技能和创业精神。并提供技能培训和转型支持，帮助人们适应数字技术的发展和就业需求。

（3）注重合作和国际交流：以色列积极与其他国家和地区进行创新合作，推动科技交流、技术合作和共同研发项目。并设立了创新签证计划，吸引国际创业者和科技人才来以色列创业和工作。

这些政策和举措使以色列成为一个富有创新力和技术实力的国家，在数字技术领域取得了显著的成就。

通过重点介绍在应对数字技术挑战方面部署早的各个国家的做法，我们可以看出数字技术行业自身发展、风险预防及在政务、医疗和教育方面的应用最为集中。而且也可以看出在数字技术飞速发展面前，无论大国小国，强国弱国都有可作为的空间，都有借助数字技术实现追赶超越的可能，取决于谁先抓住战略机遇实现抢跑。而抢跑成功的关键在于发挥教育的先导性、基础性作用，及早部署数字技术人才培养和技术的教育应用场景。

4.2 "数字中国"及其教育数字化转型

"数字中国"是习近平总书记在 2014 年 4 月首次提出的概念。习近平总书记强调了信息化和数字化对国家现代化的重要性，并指出我国应该加快数字化转型，以信息技术为核心推动经济社会发展。随后，"数字中国"的概念逐渐得到了深入发展和推广。在 2015 年政府工作报告中，我国明确提出了建设"数字中国"的目标，并制定了相关政策和行动计划。2016 年国家信息化工作会议将"数字中国"作为发展方向和重要目标进行了深入研究和部署。

4.2.1　"数字中国"战略行动

"数字中国"的发展已经成为中国经济社会发展的重要战略，涵盖了广泛的领域，包括数字经济、数字化治理、数字文化、数字教育等，旨在推动中国实现信息化、网络化和智能化的全面发展。

（1）信息基础设施建设。我国政府大力推进宽带网络建设，我国宽带接入普及率已经超过了 90%，城市和农村地区都得到了广泛覆盖。大部分地区实现了宽带网络的普遍接入，为人们提供了高速、稳定的上网体验。

（2）5G 技术。我国积极推广 5G 技术，加快 5G 网络的部署和商用化。5G 技术的推广和商用化进展迅速，我国成为全球最大的 5G 市场之一。大部分城市已经实现了 5G 网络的覆盖，为人们提供了更快速、低延迟的移动通信服务，为数字化应用提供更快速和可靠的连接。

（3）推动数字经济发展。加快电子商务、数字支付、共享经济等新业态的发展。中国是全球最大的电子商务市场，中国也成为全球领先的数字支付市场之一。通过支付宝和微信支付等移动支付平台，中国人民已经习惯使用手机进行各类支付，包括线上购物、线下消费、转账等。数字支付已经成为中国老百姓日常生活中不可或缺的一部分，为培育数字经济新动能提供有力的支撑。

（4）人工智能。我国政府重视人工智能的发展，提出了"新一代人工智能发展规划"，明确了发展目标和重点领域，并制定了推进人工智能发展的行动计划。当前，人工智能技术被广泛应用于金融、医疗、交通、制造等行业，推动了效率提升和创新发展。例如，人工智能在城市交通管理、智慧医疗、智能制造等领域的应用已经取得了显著成效。同时，中国也加入了国际组织和联盟，积极开展国际合作，推动人工智能领域的开放共享。中国与其他国家和地区开展了多项合作项目，包括人才交流、技术合作、标准制定等。目前，我们在语音识别技术、人脸识别技术、自然语言处理技术等方面取得了显著进展。根据 2019 年百度发布的数据，百度的语音识别技术在中文识别准确率上达到了 97%，超过了人类平均水平。又如，旷视科技是中国领先的人工智能公司之一，其开发的人脸识别技术在国际竞赛中多次获得冠军，准确率超过了 99%。我国在人工智能产业规模、技术专利申请数量、人工智能初创企业数量方面也有突飞猛进的发展。根据中国互联网协会的数据，截至 2020 年年底，中国人工智能产业规模已经达到了 1.5 万亿元人民币（约合 2.3 千亿美元），占全球人工智能市场规模的 30% 左右。据世界知识产权组织（World Intellectual Property Organization，WIPO）的数据，中国在 2019 年提交的人工智能技术专利申请数量达到了近 6 万件，超过了美国和其他国家。根据互联网数据中心（IDC）的数据，截至 2020 年年底，中国的人工智能初创企业数量超过 1500 家，占全球的三分之一以上。

（5）大数据应用。中国政府推动大数据的应用，利用数据分析和智能技术改进城市管理、公共服务和决策制定。这方面成绩也很好，如滴滴出行是中国最大的出行平台之一，利用大数据分析来优化交通管理和出行体验。通过实时获取和分析乘客和司机的位置数据、交通状况等信息，滴滴出行能够智能调度车辆、提供最佳路线规划，并改善交通拥堵问题。又比如，中国政府积极推动政务大数据应用，以提升治理能力和公共服务水平。中国的电子健康档案系统利用大数据技术来整合和分析个人健康信息，为医疗服务提供支持。此外，政府还利用大数据分析来改善城市管理、精准扶贫、环境保护等。在新冠疫情期间，中国广泛应用大数据分析来进行疫情防控。通过跟踪人员流动、发热情况等数据，能够及时发现和隔离疫情风险，指导公共卫生决策和资源调配。

（6）电子政务。中国积极推进电子政务，提供在线办事服务，提高政府效率、透明度和服务水平，推进政府数字化转型。如一网通办，是中国推行的政务服务一体化平台。通过一网通办，公民和企业可以在一个网站或 App 上办理多个政务服务事项，避免了烦琐的跑腿和重复提交材料的问题。

（7）智慧城市。中国推动智慧城市建设，利用数字技术提升社会治理能力和城市管理、服务水平。如深圳，通过大数据、物联网和人工智能技术，实现了交通管理的智能化、智慧停车、智慧灯光控制等一系列智慧城市应用。又如北京、上海推动了智慧交通、智慧能源、智慧环保等领域的应用，通过数字化和智能化手段提升城市管理和居民生活质量。

（8）数字医疗。中国积极发展数字医疗，推动电子健康记录和远程医疗等应用，提高医疗服务的质量和效率。如好医生互联网医疗平台，好医生是中国领先的互联网医疗平台之一，提供在线问诊、健康咨询、远程医疗等服务。截至 2020 年年底，好医生平台注册用户超过 2 亿人，日活跃用户超过 100 万人。又如，人工智能辅助诊断。京东健康是京东集团推出的互联网医疗平台，利用人工智能技术为用户提供智能健康管理和医疗咨询服务。通过数据分析和个性化推荐，京东健康能够为用户提供个性化的健康建议和服务。还有远程医疗和云医院等平台，为患者提供在线咨询医生、进行随访、实现远程会诊、医学影像存储和共享等功能。

（9）数据安全和隐私保护。我国于 2017 年实施了《网络安全法》，该法规定了网络运营者的责任、网络安全监测和应急响应等方面的规范，并建立了互联网应急响应中心，负责监测和应对互联网安全事件。我国于 2021 年颁布了《中华人民共和国个人信息保护法》，加强了对个人信息的保护和管理。该法规定了个人信息的收集、使用、存储、传输等方面的规范，加强了对个人信息泄露和滥用的处罚力度，保护了公民个人信息的权益。同时，我们还制定了移动支付安全标准，要求移动支付平台和机构加强用户身份认证、交易安全保障等方面的措施，提高了移动支付的安全性。

（10）推动数字文化。通过数字技术的应用，中国在数字文化创意产业、数字传媒平台和数字博物馆等方面取得了显著进展，丰富了人们的文化生活，推动了文化传承和创新。比如，数字文化创意产业繁荣发展，截至 2020 年，中国网络文学市场规模超过 200 亿元人民币。截至 2021 年，中国在线影视用户规模超过 9 亿人，网络影视市场规模超过 600 亿元人民币。数字文化传媒平台活跃度高，截至 2021 年，新浪微博的日活跃用户超过 4 亿人，抖音的月活跃用户超过 6 亿人。

4.2.2　教育数字化转型

根据摩尔定律，数字技术变革的指数速度已经超过了社会、政治和许多经济机构的适应能力。[1] 由此，催生出"教育数字化转型"这一概念。教育数字化转型是一个综合的、系统的、全方位的创新与变革过程，其不仅直接关系到我国人才培养的质量，也深刻影响着整个社会的数字化转型发展和国家的竞争优势。为此，2021 年 8 月，教育部批复同意上海成为教育数字化转型试点区。"教育数字化转型指将数字技术整合到教育领域各个层面，推动教育组织架构、课程内容、教学过程、评价方式等全方位的创新与变革，形成具有开放性、适应性、柔韧性的教育新生态。"[2] 其内涵及对教育评价的影响，主要可以从以下三个方面来讨论。

1. 从教育数字化转型与"数字中国"的关系看

教育数字化转型是"数字中国"战略的重要组成部分，更是"数字中国"战略实施的基本保障。我们都知道"数字中国"战略的全面实施，离不开科技、人才的支撑，归根结底要依赖于教育。所以，教育数字化转型的首要任务是能够培养具有数字思维和数字能力的各级各类人才。评价在其中如何发挥对数字人才培养规格、培养方式的引导作用，是教育数字化转型带给教育评价改革的时代命题。比如，通过评价，可以了解当前的数字技能需求和行业标

---

[1]　HANNAN. A role for the state in the digital age [J]. Journal of innovation and entrepreneurship，2018，7（1）：5-15.

[2]　李锋，顾小清，程亮，等. 教育数字化转型的政策逻辑、内在动力与推进路径 [J]. 开放教育研究，2022（8）：93-100.

准,以确定培养的重点和要求。评价结果可以指导课程设计和教学策略的调整,确保培养出符合实际需求的数字人才。又比如,通过评价学生的学习成果和能力发展,可以了解何种教学方法和资源对于培养数字人才更加有效。评价结果可以指导教师在教学过程中的选择和优化,提高培养效果。

2. 从教育数字化转型与数字技术的关系看

教育数字化转型其实质是数字技术在教育领域的全流程应用。从应用的起始端看,要全面深入应用数字技术,前提是尽可能让一切教育环境网络化。从应用的过程端看,数字技术必须全面渗透到教育教学的各个环节,与各个环节深度融合。从应用的结果端看,必然实现对已有教育理念、体系、方法、内容、制度和治理的颠覆和重塑。例如,网络化的教育环境需要教育平台和在线学习系统,以支持教师和学生进行远程教学和学习;网络化的教育环境可以借助虚拟现实(VR)和增强现实(AR)技术提供更丰富、沉浸式的学习体验。学生可以通过 VR 体验虚拟实验室、参观远程地点、进行虚拟角色扮演等,而 AR 技术可以将虚拟内容融合到真实环境中进行学习。这些技术可以提高学习的生动性和参与度;网络化的教育环境使得在线教育和远程培训成为可能。通过在线平台和视频会议工具,学生可以参与全球各地的学习课程和培训项目,没有时间和地点的限制;网络化的教育环境还可以收集和分析学生的学习数据,从而支持个性化学习和教学。教育者可以根据学生的学习需求和表现,提供定制化的学习资源和指导。同时,学习数据的分析也可以帮助教育决策和教学改进。届时,传统的评价模式必然会面临颠覆和重塑。同时,教育评价作为教育治理的一个重要组成部分,必然呼吁尽早出现能够适应并服务于教育数字化转型的评价制度。这也是教育评价改革的应有之义。

3. 从教育数字化转型与教育评价数字化转型的关系看

教育数字化转型强调的是将信息技术应用于教育教学全过程,改变教育的方式和环境,提升教育质量和学生学习成果。它关注的是教学内容、教学方法和学习环境的数字化，以及学生个性化学习的支持。而教育评价数字化转型则着重于将信息技术应用于教育评价的过程，以提高评价的效能和准确性。它强调基于数据和技术的评价方法和工具，用于收集、分析和解释学生的学习数据和教学数据，从而对教育质量和学生发展进行评估和改进。虽然两者存在一定的关联，但教育评价数字化转型更多的是教育数字化转型的一部分，它是在教育数字化转型的基础上，通过运用数据分析、数据可视化、人工智能等技术手段，对教育过程和学习结果进行量化和评估。其主要任务包括：一是开发和应用数字化评价工具。核心任务之一是开发和应用适用于数字化环境的评价工具和平台。这些工具可以用于收集、分析和管理评价数据，如在线测验、学习分析系统、学生成绩管理系统等。数字化评价工具的开发和应用可以提高评价的效率和准确性。二是整合大数据和学习分析。数字化转型要求教育评价利用大数据和学习分析技术，对学生的学习数据进行收集和分析。通过整合和分析大量的学习数据，可以获得深入的洞察和预测，为教育决策提供支持。学习分析可以帮助教师了解学生的学习进展、个性化需求和潜在问题，从而进行精确的干预和指导。三是实施个性化评价和反馈。数字化评价的核心任务之一是实施个性化评价和反馈。通过数字化工具和数据分析，可以根据学生的个体差异和学习需求，提供定制化的评价和反馈。个性化评价和反馈能够更好地满足学生的学习需求，帮助他们识别自身的优势和改进方向，提高学习成果和动机。四是支持教师和决策者的数据驱动决策。数字化评价的转型还要求提供数据驱动的决策支持。教师和决策者可以利用数字化评价的数据和分析结果，制订更有效的教学策略、改进教育政策，并进行教育质量的监测和评估。五是保障数据安全和隐私。数字化评价的转型必须确保评价数据的安全和隐私保护。评价数据涉及学生的个人信息和学习成果，需要采取适当的安全措施，如数据加密、访问权限管理和隐私保护政策。保障数据安全和隐私是数字化评价的重要任务之一。

因此，在教育数字化转型下，教育评价作为一种人才选拔工具，要在大批数字人才培养方面发挥价值引导作用；作为一种治理手段，要牵引教育各个环节和各个领域主动适应教育数字化转型需要；作为一种育人手段，要创新教育评价的手段和方法，为适应学生个性化学习提供资源和工具。这三个方面的实现，如果没有数字技术赋能，将是无法做到的。

4.3　数字技术赋能教育评价改革

在教育数字化转型的背景下，数字技术赋能教育评价改革，具有内在的逻辑必然性。一方面，全面实施教育数字化转型，意味着将会有更多数字技术和产品应用到教育场景之中，教育评价作为数字技术应用的教育场景之一，必然有助于提高其改革的实效性。因此，《总体方案》明确提出要"充分利用信息技术，提高教育评价的科学性、专业性和客观性"。另一方面，全面实施教育数字化转型，将会带来教育形态、制度的全方位变革，也必然会催生适应于新变化的教育评价新形态和新制度。因此，《教育部 2022 年工作要点》也提出"实施教育数字化战略行动，改进课堂教学模式和学生评价方式"。

4.3.1　理论逻辑：数字技术赋能教育评价改革具有不可比拟的优越性

中共中央、国务院印发的《总体方案》分别在"主要原则""坚持科学有效推进教育评价改革"部分提出"充分利用信息技术，提高教育评价的科学性、专业性、客观性"。在"组织实施加强专业化建设"部分提出"利用人工智能、大数据等现代信息技术，探索开展学生各年级学习情况全过程纵向评价、德智体美劳全要素横向评价"。从位置上看，突出了应用信息技术对推进教育评价改革的重要意义；从内容上看，强调了信息技术在改进教育评价方法，特别是实现对学生的全过程和全要素评价中的重要作用和独特优势。诚如联合国教科文组织最新报告《一起重新构想我们的未来：为教育打造新的社会契约》所认为的："我们现在已经见证了数据科学作为一个专业技术领域的诞生，并且它与许多领域一样，在塑造教育中的引人入胜的叙事和解释方面有着巨大的影响力。"❶ 当前，几乎所有国家都认识到了信息技术对于解决评价难题所蕴含的潜力，但是信息技术支持的评价方式仍然存在很多问题，如一些运用信息技术的评价方式其实质依然是传统的选择题测验，依然无法实现对核心素养的有效评价。另外，运用信息技术的评价方式在易用性和灵活性方面存在缺陷，特别是对于信息技术能力水平较低的学生和教师来说，评价工具本身对他们已经造成了一定的障碍，导致评价效度和效率不能令人满意。❷ 总之，信息技术支持的评价是未来的发展趋势，目前依然存在大量尚未解决的问题，应该成为评价研究的一个生长点。❸《总体方案》的出台及对于技术的强调，为破解教育评价改革难题，找到了中国方案。

1. 数字技术让评价文化更加开放包容

在中国，评价文化存在慎用和滥用两个极端。"盖棺论定"的成语，有"不知起因，不评人事。未知全貌，不予置评"的古训。因为评价的高利害性，特别是在人才选拔上，又有滥用的例子，所谓"一考定终身"。数字技术真正让评价者戴上了"上帝"的眼镜，使评价活动可以更加频繁地发生、及时客观的反馈，为营造开放包容的评价文化创造条件。

---

❶ 联合国教科文组织 . 一起重新构想我们的未来：为教育打造新的社会契约 [M]. 北京：教育科学出版社，2022：131.

❷ Council of the European Union and European Commission. Key Competences for a Changing World [EB/OL].（2009-11-25）[2013-09-01]. http：//eur-lex.europa.eu/LexUriServ/LexUriServ.do?uri=COM：2009：0640：FIN：EN：PDF.

❸ 刘新阳，裴新宁 . 教育变革期的政策机遇与挑战——欧盟"核心素养"的实施与评价 [J]. 全球教育展望，2014，43（4）：75-85.

2. 数字技术让评价活动更加客观透明

教育评价是世界性话题。因为，教育评价是教育治理的手段之一，更是教育科学决策的关键依据。正因为如此，美国在 20 世纪 90 年代提出了一个评价的新理念，即"真实性评价"（authentic assessment）。[1]"真实性源于评价什么是最重要的，而非评价什么是最方便的。"[2]现实中的许多评价往往出于管理和控制的方便而进行，它们脱离了学生真实的生活和个性发展需要，不仅是人为的、虚假的，而且是扭曲学生个性的、反教育的。评价需要走向真实——回归学生真实的生活世界、真实的学科知识和个性发展的真实需要。在全球公共治理走向询证模式的今天，追求基于数据的真实的教育评价深受关注。同时，教育评价也是世界性难题。难在教育活动和对象具有难以估量的复杂性和丰富性，对其进行全面、准确、客观的评定、鉴别、诊断，即追求评价的真实性，既烧脑又烧钱，困难重重。数字技术最大的优势在于利用人工网络神经技术及其衍生的智能产品，收集多模态、全链条数据，让评价活动更加客观透明，真正发挥教育评价科学引导、诊断、改善评价对象及其活动的多重功能。

3. 数字技术让评价改革更加有序高效

《总体方案》明确指出，希望"经过 5 至 10 年努力，各级党委和政府科学履行职责水平明显提高，各级各类学校立德树人落实机制更加完善，引导教师潜心育人的评价制度更加健全，促进学生全面发展的评价办法更加多元，社会选人用人方式更加科学"[3]。数字技术对五大主体如期完成改革任务至关重要。例如，关于党委和政府教育工作评价，明确要求破除其在办学中的短视行为和功利化倾向，同时又提出建立健全党委和政府科学履行职责的体制

---

[1] 科林·马什. 理解课程的关键概念 [M]. 徐佳，吴刚平，译. 北京：教育科学出版社，2009：65.

[2] 埃利奥特·W. 艾斯纳. 教育想象—学校课程设计与评价 [M]. 李雁冰，译. 北京：教育科学出版社，2008：210.

[3] 深化新时代教育评价改革总体方案 [M]. 北京：人民出版社，2020：3.

机制。这就需要党委和政府在教育工作评价中，不能唯结果导向、以终结性评价的结果进行决策和资源分配，还要着重关注教育发展的进步程度、教育管理者和师生的努力程度。落实这一导向的关键在于加强过程性数据的收集，强化过程性检查与督导的作用。同时，如果对评价对象的全过程性数据的收集，完全依靠人工，既耗时又费力，利用数字技术开发数据收集平台，创新评价方法，就成为必由之路。又如针对唯分数的学生评价，需要创新和丰富旨在促进学生全面发展的更加多元的评价方法，改进结果评价、强化过程评价、探索增值评价、健全综合评价迫在眉睫。从现实情况看，无论哪种评价方法的使用与创新，都离不开数字技术的加持，都需要对更加全面、准确、动态的数据进行及时收集、准确处理和合理使用。

4.3.2 实践逻辑：数字技术对破解教育评价难题更具现实可行性

回顾历史，技术赋能教育并不是新鲜事儿，每一次技术革命，都伴随着对教育的深刻改变。印刷术的出现，让学校教育开始面向大众，全面提升了教育在人类社会发展史中的作用和地位。互联网的出现，让终身教育成为可能，学习成为所有人的一种生活方式，时时可学、处处可学、人人可学，突破了学校教育的边界局限。"就教育评价领域来说，人工智能等信息技术将进一步丰富教育评价的方法和手段，拓展教育评价的内容，让教师、学生、家长乃至全社会参与其中，对教与学的过程全方位实时监测，智能化反馈评价结果，智能化推送学习资源，智能化提供学前指导，促进学生个性化发展，让因材施教成为现实。"❶因此，可以预见，随着数字技术在教育领域的全面渗透，智能产品在教育中的应用持续拓展，辅助、驱动、重塑教育评价的作用将越来越明显。

---

❶ 龙海涛.人工智能时代教育评价改革：契机、挑战与路径选择 [J].中国考试，2021（11）：10-17，34.

1. 计算机网络化为解决传统评价的弊端提供了条件

我国很早就开始了全国各级各类学校标准化建设工程，根据《2020 年全国教育事业发展统计公报》显示，教育信息化建设成果显著，小学、初中和高中互联网入校的比例均超过 98%，计算机网络化全面普及。袁振国教授指出 ●，网络的普及实现了教育信息互联互通基础上的流动、整合、共享，进而可以大范围改变传统的抽样方式、人工评分、纸笔测验等，极大地促进了诊断性测评、形成性测评、过程性测评和终结性测评的区域探索和实践。

2. 数字技术与教育深度融合催生了新的评价工具

新的评价工具的出现，如适应性测试、虚拟现实仿真场景测试、合作问题解决测试、数字画像、可视化诊断等，这些新工具的出现和广泛应用，使教育评价在测评内容上实现了从知识技能测评向高阶能力、综合素质测评的转变，在评价的导向上实现了从终结性评价向过程性评价的转变。

3. 大数据的产生与普及使用为增强评价育人功能提供了可能

借助技术将教育资源、大量的教育过程性信息数字化，使评价数据来源不断扩宽，使评价功能不断扩展。如用一支智慧笔，就可以将学生的学习过程数字化，有助于教师直观及时掌握全体学生和学生个体的学习情况、作业情况，有针对性给予学习建议；又如用一块智能板，就可以将教师的课堂行为、师生互动等情况数字化，有助于教师随时复盘自己的课堂教学，进行课堂切片诊断，改进教学行为、提高教学质量。学校也可以据此实现科学化、精准化管理和服务。于是，评价的形态发生的改变，不再是教育教学、学校管理的一个环节，而真实存在于学校教育的方方面面、时时处处。

因此，要把握以数字作为第五生产要素带来的发展机遇，全面分析信息技术与教育评价的深度融合，提出技术赋能教育评价改革的可能性与必然性，从而使教育评价改革的牵引功能真正由应然走向实然、由理想走向现实。

● 袁振国 . 数字化转型视野下的教育治理 [J]. 中国教育学刊，2022（8）：1-6, 18.

牵引教育变革的教育评价改革：
以何可能？

上篇论述了教育评价如何能够牵引教育事业各方面的变化发展，特别是论述了现阶段教育评价改革正值第五代理论生产的黄金期及技术赋能的关键期，其顺利推进将会对教育甚至是社会方方面面产生更大的牵引作用。下篇我们换一个角度讨论，什么样的教育评价改革或者说教育评价改革的哪些方面分别会对当前育人方式、办学模式、管理体制和保障机制变革产生积极作用。以此论证，教育评价改革的牵引功能以何可能。

第5章 改革考试招生制度，
牵引育人方式变革

中考与高考制度是我国最重要的考试招生制度，也是我国最基本的教育制度，关乎千家万户的切身利益和国家发展对人才的战略需求。本章我们首先讨论考试招生制度是如何牵引育人方式变革的、当前的育人方式转型对考试招生制度提出了哪些挑战及考试招生制度应该如何应对这三个问题。

特别需要说明的是，高考改革直接影响着基础教育的办学导向和育人方式，同时，高考改革通过与中考改革的积极联动，间接发挥影响作用。一方面，高考改革基于顶层设计牵引中考改革的主方向；另一方面，当前的中考改革体现了对新高考改革的全面回应。例如，全科开考、一考两用、新增计分科目、严格控制特长加分、探索综合素质评价成果应用等改革举措，已成为各省份新中考改革趋势。因此，基于中考与高考的内在统一性，本章我们所论及的考试招生制度主要是指高等学校考试招生制度，即高考。

5.1 高考改革及其对育人方式的影响

"高考"即普通高等学校招生全国统一考试，指"合格的高中毕业生和具有同等学力的考生参加的选拔性考试"[1]。我国"在1952年确立了各大行政区

---

[1] 裴勇俊，李晓燕. 继承传统考试价值实现追求公平目标——我国考试制度的历史沿革与价值分析 [J]. 宁夏教育，2017，440（4）：74-76.

制定统一招生计划和以省市为单位进行的统一招生政策" ❶。1966 年的《关于改革高级中学招生办法的请示报告》提出 :"废除现行高级中学招生办法,实行推荐与选拔相结合的招生办法,推荐与选拔必须突出政治,贯彻党的阶级路线" ❷,"至此我国也停止了中等教育的升学考试" ❸。直到"1977 年,邓小平出任国务院副总理,倡导'尊重知识、尊重人才',恢复中断了 11 年的高考制度,破除'唯成分论',推行以考试为主的选拔标准。1978 年,教育部颁发了'高考复习大纲',决定恢复高考。因此,真正意义上的高考应从 1978 年的改革开放算起" ❹。郑程月博士以对改革产生重大影响的政策文本为依据将阶段划分为政策恢复重建阶段(1977—1984)、尝试改革阶段(1985—1992)、基调摸索与初定阶段(1993—1998)、大力改革与调整完善阶段(1999—2009)、全面深化改革阶段(2010—2017),其中全面深化改革阶段又可分为新一轮考试招生改革酝酿期(2010—2013)和新一轮考试招生政策深化改革实施期(2014 至今)。❺

5.1.1 高考恢复重建阶段

这一阶段的重点是调整考试科目的设置,以适应时代发展对人才培养的迫切需求。与高考考试科目调整相对应,"1978 年颁发的《全日制十年制中小学教学计划试行草案》恢复了'十七年'传统,以学术性的分科课程为主,在高中阶段开设了政治、语文、数学、外语、物理、化学、历史、生物、农基、体育共 10 门课程" ❻。这个时期的课程结构与高考政策呼应,根据时代发展对

---

❶ 郑程月 . 我国考试招生政策演进研究(1977—2017)[D]. 天津 :天津师范大学,2018.

❷ 刘英杰 . 中国教育大事典(1949—1990)[Z]. 杭州 :浙江教育出版社,2004.

❸ 同 ❶。

❹ 宗钰,邹放鸣 . 现代化发展与适应性变革 :1977 年以来高考制度改革创新的历史轨迹、现实审思、未来展望 [J]. 现代教育管理,2017,332(11):14-19.

❺ 郑程月 . 我国考试招生政策演进研究(1977—2017)[D]. 天津 :天津师范大学,2018.

❻ 郭华,王琳琳 . 中国普通高中课程结构改革的 70 年探索 [J]. 中国教育学刊,2019(10):9-16.

育人提出的新需求进行调整。直到 20 世纪 80 年代中期，会考制度开始实施，为高考科目设置的进一步改革创造了巨大空间。同时，标志着我国开始由统一考试向多样化考试形式的转变。

1981 年，以重点中学为改革试验点，教育部颁发了《全日制六年制重点中学教学计划试行草案》。"此次改革最大的突破是增设选修课，并规定了选修的两种形式：一种是'单课性选修'，即选修某个（些）课程；另一种是'分科性选修'，即文理分流。"❶同年，"教育部还颁发了《全日制五年制中学教学计划试行草案的修订意见》，适用于尚未过渡到六年制的重点中学和一般中学，其基本精神承袭于六年制重点中学的教学计划草案"❷。自此开始，"'选课'逐渐从政策文本的'夹缝'中走向规范化"❸。

但这一时期以陈述性知识与基础性知识考察为主且考试题型比较单一，不仅不能满足人才选拔的基本要求，对基础教育教学产生了不利导向，这在一定程度上阻碍了人才培养的质量，而且导致出现了应试教育。

5.1.2　尝试改革阶段

这一阶段，在改革开放浪潮的影响下，市场经济体制的建立逐步引导并推动我国教育体制的全面改革，进而促进了这一阶段我国考试招生政策的积极改革尝试。"考试科目设置的减少与调整以及会考制度的实施，是这一阶段适应我国教育体制改革与人才培养目标转变的需要而做出的调整。一方面因高考既担负着高中学业水平测试的功能，又兼有考试选拔的功能，两考合一带来了诸多的弊病，人才选拔的科学性受到质疑。另一方面，会考制度的产生也具有一定的现实因素，首先是为了扭转高中教学片面追求升学率的问题；其次是为了适应高考科目减少，来弱化高考对高中教学的影响；最后是可以

---

❶ 郭华，王琳琳 . 中国普通高中课程结构改革的 70 年探索 [J]. 中国教育学刊，2019（10）：9-16.

❷ 同❶。

❸ 王琳琳 . 四十年来我国选课改革的回顾与反思 [J]. 湖南师范大学教育科学学报，2018，17（6）：24-29，36.

有效克服高中阶段过早分科与偏科的问题，全面提高学生的整体水平与素养，促进高中教学均衡健康发展，满足高校人才选拔的需求。"●

5.1.3 基调探索与初定阶段

1993 年，中共中央、国务院出台了《中国教育改革和发展纲要》，明确了新时期我国教育事业发展的目标、战略与指导方针，这一政策成为本阶段指导我国高考政策改革的总纲领。

"这一阶段，我国高考改革在考试科目设置上继续实行会考基础上的'3+2'方案，并不断探索新的科目组合方案，考试内容在考查知识的基础上更加注重对能力与实际技能的掌握。在择优录取的前提下，通过调整试题难度，丰富考试形式，继续实行标准化考试，推进了考试的科学性与人才选拔的全面性。"●

20 世纪 90 年代后期，我国确立了将提高全民族素质作为实现社会主义现代化建设全局的一项根本任务，为保证该任务的实现，党和国家不失时机地确立了科教兴国战略，这一目标的提出对人才培养与考试内容的转变产生了积极的推动作用，素质教育在此阶段初现端倪。素质教育理念提出后，如"游戏、操作实践、交流研讨、探究发现、角色转换、合作互动、情境体验"●等课堂教学交往方式被教育者关注。教育者们希望可以克服单一的灌输式讲授法，寻找适合教学内容的教学方法，联通学生五感，既注重学生的全面发展，又充分发挥学生的主体性。各个学科的教师与研究者都在充分考虑学生特点和学科特性的基础上尝试与探索不同的教学方式，以落实和推动素质教育，如胡保祥老师便在1999年提出将物理教学与STS教育相结合实施素质教育。●

"因高考旨在选拔素质好且具有发展潜力的高中毕业生，仅从知识层面进

● 郑程月 . 我国考试招生政策演进研究（1977—2017）[D]. 天津：天津师范大学，2018.

❷ 同●。

❸ 方中权 . 素质教育视野中的课堂教学交往 [J]. 教育评论，2000（3）：43-45.

❹ 胡保祥 . 物理教学与 STS 教育相结合实施素质教育的实践与再认识 [J]. 物理教师，1999（3）：1-3，10.

行考查是不够的，特别是素质教育思想在此时期开始发端，因此只有对综合素质与能力、知识运用与情景解决能力的考查，才能准确地挖掘与选拔具有真才实学与发展潜力的学生。"❶ 所以，为进一步提高保送生的质量，加强拔尖创新人才的选拔，1997 年我国开始进行综合能力测试研究与试验，形成了以能力考查为主导，在考查学科能力的基础上，考查利用相关学科知识综合解决问题能力的改革原则。❷ "在此背景下，教育部于 1998 年开始在四川、上海、河北、湖北、黑龙江五个省市开展保送生'综合能力测试'的试点工作。政策规定保送生必须参加由教育部考试中心命题的综合能力测试，该考试模式即考试内容融合文理两科，注重理论与实际的结合，强调考生与分析、解决问题的能力及综合学习与应用能力，强调人与自然、社会协调发展的现代意识。该测试旨在考查学生的综合能力与创新应用能力，而这份综合测试试卷也是我国现代考试史上第一份综合考查各学科知识与能力的试卷，该试点的探索为'3+X'科目设置改革，以及转向综合素质能力考查奠定了实践基础。"❸

传统上，中国的高等教育招生主要依赖高考成绩，这导致学生在应试技巧上花费大量时间和精力。然而，保送生"综合能力测试"的试点工作引入了多元评价的概念，试图从更全面的角度评估学生的能力和潜力。这种评价方式可能使教育者更加关注学生的综合素质和个性特点，而不仅仅是他们在某个标准化考试上的表现，减少对高考成绩的过度依赖，以及应试教育给学生带来的压力。

5.1.4　大力改革与调整完善阶段

本阶段以 1999 年国务院批转教育部《面向 21 世纪教育振兴行动计划》及同年中共中央、国务院出台的《关于深化教育改革全面推进素质教育的决定》

---

❶ 郑程月．我国考试招生政策演进研究（1977—2017）[D]．天津：天津师范大学，2018.
❷ 教育部考试中心．恢复高考 40 周年纪念文集（1977—2017）[M]．北京：高等教育出版社，2017.
❸ 同❶。

为政策改革的社会背景。前者提出了要有步骤地推动普通高校考试招生工作的改革，后者指出并强调要通过改革考试招生和评价制度来实施素质教育。

在总结我国高考发展经验的基础上，1999 年教育部出台了《关于进一步深化普通高等学校招生考试制度改革的意见》（以下简称《意见》），其标志着我国高等学校考试招生制度改革进入了大力改革与调整完善的历史阶段，同时也揭开了新一轮政策改革的序幕。本轮的高考改革确立了坚持"有助于高校选拔人才、有助于中学实施素质教育、有助于高校扩大办学自主权"的"三个有助于"原则，通过对考试科目设置、考试内容、招录条件等方面进行的大力改革，将这一时期我国考试招生工作提高到了前所未有的新水平。《意见》是中国政府在教育领域的一项重要改革文件，对基础教育产生了深远的影响。

5.1.5 全面深化改革阶段

2010 年 7 月，中共中央、国务院发布的《国家中长期教育改革和发展规划纲要（2010—2020 年）》中提出：推进以考试招生制度改革为突破口，克服一考定终身的弊端，推进素质教育实施和创新人才培养的目标。明确了按照有利于科学选拔人才、促进学生健康发展、维护社会公平的改革原则。

在此背景下，2012 年 3 月，教育部、国家发展和改革委员会、财政部、人力资源和社会保障部及国务院扶贫办五部门联合出台了《关于实施面向贫困地区定向招生专项计划的通知》，针对集中连片特殊困难地区的高考生源，每年安排一定规模的招生名额，定向招收贫困地区的优秀学生。2013 年 11 月，十八届三中全会通过了关于全面深化改革若干重大问题的决定，对深化考试招生制度改革进行了全面部署。

2014 年 9 月，国务院出台了《关于深化考试招生制度改革的实施意见》，指出新高考改革的具体任务主要围绕以下三个方面展开：一是改进招生计划分配方式；二是改进考试形式与内容；三是改革招生录取机制和录取方式。

其中，招生录取机制和方式的改革主要包括：减少和规范考试加分、完善和规范自主招生、完善高校招生选拔机制、拓宽社会成员终身学习通道等内容。此次的新高考改革被时任教育部部长陈宝生评价为"1977 年恢复高考以来，规模最大，涉及面最广，难度最艰巨的一次改革"❶。特别是全教会召开以来，国家高度重视深入推进考试招生制度改革，发布了 6 个政策文件，教育部分五批指导 29 个省（区、市）启动高考综合改革，其中，前三批 14 个省份的新高考已平稳落地。第四批 7 个省区的新高考将于 2024 年落地，第五批 8 个省区的新高考将于 2025 年落地；教育部深化考试内容改革，不断强化高考命题的育人功能，落实立德树人根本任务，构建引导学生德智体美劳全面发展的考试内容体系，进一步强化高考的育人功能与积极导向作用。

5.2　育人方式及其变革

高考具有选拔功能，规定了人才的规格，同时也具有引导功能，决定着怎么培养人的路径方法。对于何谓育人方式，我们可以从理论和政策两个角度来理解。

5.2.1　育人方式的基本内涵及问题

1. 何谓育人方式

从理论分析看，河南大学的王苒儒将普通高中阶段的"育人方式"定义为"为了实现社会主义建设者和接班人的培养目标，而采取一系列教育培养人的方法和措施"❷；华东师范大学的赵冬冬博士和朱益明教授将"育人方式"

---

❶ 陈宝. 2020 年全面建立新高考制度 [EB/OL]. （2017-10-20）[2023-09-27]. https://baijiahao.baidu.com/s?id=1581741917369588331&wfr=spider&for=pc>.

❷ 王苒儒. 普通高中育人方式改革政策执行问题研究 [D]. 开封：河南大学，2020.

拆分成"育""人"和"方式"进行内涵论析："其一，'育'是'育人方式'的前提。其二，'人'是'育人方式'的主体。其三，'方式'是'育''人'的'理念'与'行动'的统合，'育人'的'方式'则是让人求真、明理、向善、尚美的'方式'，聚焦到学校场域，这种'方式'指向对于学生的人格尊重和人性关怀的育人实践逻辑。"❶ 因此，'育人方式'意指教育场域内立足人本立场的引人朝向美好发展的系列选择。从政策规定看，2019 年 6 月，国务院办公厅发布了《关于新时代推进普通高中育人方式改革的指导意见》，该文件"提出了一个总体目标和六个具体目标"。一个总体目标是"到 2022 年，德智体美劳全面培养体系进一步完善，立德树人落实机制进一步健全"；六个具体目标是"普通高中新课程新教材全面实施，适应学生全面而有个性发展的教育教学改革深入推进，选课走班教学管理机制基本完善，科学的教育评价和考试招生制度基本建立，师资和办学条件得到有效保障，普通高中多样化有特色发展的格局基本形成"❷。最后从"构建全面培养体系""优化课程实施""创新教学组织管理""加强学生发展指导""完善考试和招生制度""强化师资和条件保障""切实加强组织领导"七个方面提出了推进新时代高中育人方式改革的指导意见。从中我们可以看出，政策语言中的育人方式的基本内容主要包括课程教材、教育教学方式方法及组织形式、评价方式等方面。

2. 育人方式存在的问题

中国的基础教育质量是好的，特别是在经济合作与发展组织（OECD）PISA 项目测试中的傲人成绩也证实了这一点。但与此同时，问题也很明显，也正如美国记者费德里曼撰写的《上海的秘密》的报告中所揭示的那样。我

---

❶ 赵冬冬，朱益明．普通高中育人方式改革的理论要义、现实挑战与实施建议 [J]．中国教育学刊，2021（9）：56-61.

❷ 国务院办公厅关于新时代推进普通高中育人方式改革的指导意见 [EB/OL]．（2019-06-19）[2023-06-20]．http：//www. moe. gov. cn/jyb_xxgk/moe_1777/moe_1778/201906/t20190619_386539. html?eqid=ca2dfd1100018fd4000000046436cb34.

们的成绩是用牺牲师生大量时间换来的。为此，关于基础教育的问题，可以从以下几个方面分析整理。从育人理念上看，在物质进入富裕时代的人们，精神尚未同步进入富裕时代，表现在教育上还是有以教育为工具完成"跳龙门"的价值追求，窄化了教育的丰富内涵和学生成长的丰富性和可能性，教育功利化倾向严重。从课程内容上看，内容陈旧，无法跟上时代的发展，缺乏对新知识、技术和社会变革的全面反映；结构封闭，往往围绕考试要求展开，追求知识的记忆和应试技巧的训练，忽视了对学生的综合素质和创造力的培养，从而影响学生获取最新知识和技能的能力。从教学方法上看，传统的教学模式往往以教师为中心，注重知识的传授和学生的被动接受，缺乏个性化和差异化教学。这种模式忽视了学生的主体性和积极性，限制了他们的创造力和思维能力的发展。从组织方式上看，教学组织方式往往过于注重传统的课堂教学，往往偏向于分科和单一学科的组织，往往没有充分考虑学生的个性差异和学习需求。学生大部分时间都在课堂上被动接受知识，缺乏主动参与和实践的机会，无法形成全面的知识结构。这限制了学生的创新能力、实践能力和问题解决能力的培养。从评价导向上看，中国的基础教育评价方式普遍过分依赖标准化考试，这导致教育系统和学生过度关注应试技巧和成绩，忽视了学生综合素质和能力的培养。过度依赖标准化考试给学生和教师带来巨大的压力，并可能导致教学内容的偏离和教学质量的下降。

5.2.2　育人方式变革的国际趋势

从实践的角度看，课程是教学内容和组织方式的集中体现，也是理解各国育人方式发展变化的主要途径。

1. 英美中学的课程实施及其改革趋势

"美国教育，到了中学阶段有一些极其重要的制度设计，这就是——选课制、学分制、走班制。"这些制度体现了"'因材施教''以生为本'的科学人本主

义教育理念"❶。美国的课程实施与改革始终围绕着"人生而平等""人人都享有
受教育的权利"这些早在 1787 年就被写入美国宪法的民主进步思想。❷ 在发展
选课制、学分制、走班制来保证"决不让一个高中生掉队"的同时，也在逐步发
展全国核心课程标准，努力实现教育的国家化，加强对全国教育的影响作用。❸

"2013 年以前，英国分别在 2000 年和 2007 年对国家课程进行了较为重大的
改革，并分别于 2001 年和 2008 年秋季实施新课程。"❹ 其主要趋势体现在以下五
个方面 ❺：进一步加强和完善国家对课程的宏观调控；重视价值观教育和学生精
神、道德的发展；加强社会公民的教育与培养；以基础学历为核心，致力于教
育质量的提高；努力提高学生的信息和交流技术能力。"随着经济发展的需要和
社会对新的人才的需求，英国政府于 2013 年 11 月再次对中小学课程进行改革
和调整，并于 2014 年 9 月开始在英国公立中小学实施，呈现出以下三个特点：
以国际比较为基准的改革取向；更关注高价值学科；具有更强的自主性。"❻

2. 我国的课程改革

总体而言，"从 1976 年至今（2016 年），我国新时期基础教育课程改革已
历经 40 年发展，其间推进课程改革的内驱力归纳起来主要源自三端：学校课
程的供给侧与学生发展的需求端发生了矛盾，要求学校必须改革课程；国内
外经济社会有了发展，科学技术有了进步，要求学校课程与时俱进；学界基
于空间与时间二维视野研究迭出的理论成果希冀反映在学校课程中"。❼ 经

---

❶ 荣维东.美国教育制度的精髓与中国课程实施制度变革——兼论美国中学的"选课制""学分制""走
班制"[J].全球教育展望，2015，44（3）：68-76.

❷ 胡庆芳.绝不让一个高中生掉队——美国高中课程改革研究 [J].全球教育展望，2002（3）：32-37.

❸ 同 ❷。

❹ 马燕超.英国新一轮中学国家课程改革述评及对我国课程改革的启示 [J].中小学校长，2015，204
（4）：67-70.

❺ 白彦茹.论英国中小学课程改革与发展 [J].外国教育研究，2004（3）：18-21.

❻ 同 ❺。

❼ 吴惟粤.课程话语体系演变中透出的课程改革动向 [J].河北师范大学学报（教育科学版），2016，
18（6）：111-116.

过多年的发展，我国课程改革在学科课程的优化、综合素质教育的推进、跨学科课程的引入、实践教育的加强、创新教育的推动和教学方法的创新等方面取得了一系列的进展。比如，对语文、数学、英语等学科进行了内容和教学方法的调整，强调学科知识和实践能力的结合，注重培养学生的创新思维和解决问题能力。又比如，为了培养学生的跨学科思维和能力，我国开始引入跨学科和综合性课程。这些课程旨在培养学生的综合思维、问题解决能力和创新能力，涵盖多个学科领域的知识和技能。未来我国的课程改革将致力于培养全面发展的学生，注重综合素质教育、跨学科学习和创新教育。个性化和差异化教育将成为重要方向，而教育技术的应用也将得到广泛推广。这些趋势将为学生提供更多样化、适应性强的学习机会，培养具备创新思维、实践能力和综合素质的人才。

5.3　新高考与育人方式变革

育人方式与高考制度是既有联系又有区别的两个概念。从区别上看，育人方式聚焦育才，高考制度旨在选才，各自都有其发展的规律。从联系上看，由于高考制度是组织严密的选拔性考试，高考分数和高考升学率具有社会公众所普遍认可的公平性、刚性和可比性，最终成为评价学生学业成就和中学教育质量的最重要标准，于是高考替代高中学业水平考试成为评价高中教育教学的"指挥棒"。

5.3.1　高考改革对育人方式改革的导向作用

高考成为高中课程教学"指挥棒"后，其科目改革对高中课程教学具有导向作用。"我国高中课程科目与高考科目之间是一种包含与被包含的关系，即从高中课程开设科目中挑选部分科目组成高考科，这种包含关系决定了高

考科目设置势必对高中课程教学产生直接而重要影响。" ●

1. 高考对高中课程教学产生直接影响

在我国，高考成绩通常是高中学生升入大学的主要依据。学生的高考成绩直接影响着他们能否进入理想的大学及所能选择的专业。因此，高考考什么就不单单是一个科目确定和内容选择的问题了，其隐含着人们对于基础教育成效的评价总结，承载着促进社会分流的价值期待，肩负着为祖国的未来发展甄选什么样的人才使命。高考会牵引高中学校和教师以其为目标，调整课程设置和教学内容，以确保学生能够在高考中取得优异的成绩。因此高考对高中课程教学的直接影响集中表现在高考科目的设置上。一是对高考科目数量的影响。"中华人民共和国成立以来高中课程开设科目始终维持在 14 门的稳定状态，但高考科目组合经历了纷繁复杂的变化过程，多则由八九门科目构成，少则由 4 门科目构成，这种频繁调整对高中课程教学产生较大干扰，高考科目多则造成学生负担过重，科目少则产生学生学习偏科问题。" ● 二是对高考选科制度的冲击。由于高中不同学科的学习难度差异较大，高考选科改革对高中课程教学产生直接而显著的影响，均出现了学生趋易避难的功利选科问题。但同时，通过高考选科改革，学生在课程选择和学习动机上有更大的自主性，推动了高中教育向着更加多元化、个性化和综合素质发展的方向发展。三是非高考科目在中学被冷落。"目前，高中 14 门国家课程中只有 6 门被纳入高考科目，还有 8 门国家课程和校本课程没有进入高考。这些非高考科目在高中教学中的地位一落千丈，如音乐、美术、体育、综合实践活动等课程经常被高考科目所占用，校本课程则流于形式。" ● 当前，学校通过提供丰富多样的课外活动和社团组织，鼓励学生在兴趣爱好和非高考科目相关的领域积极参与，培养他们的综合素质和非学术能力。同时，还宣传和推广

● 罗立祝 . 高中课程改革与高考改革关系演变与展望 [J]. 课程・教材・教法，2022，42（3）：62-71.

❷ 同 ●。

❸ 罗立祝 . 高中课程改革与高考改革关系演变与展望 [J]. 课程・教材・教法，2022，42（3）：62-71.

一些在非高考科目上取得优异成绩和成功的学生案例和角色模型，激励其他学生对非高考科目的学习兴趣和积极参与。

2. 高考引发的"基础教育效应"

高考制度体现出"分数优先性""高利害性"和"社会同构性"，被誉为基础教育的"指挥棒"。"指挥棒"最终通过基础教育三种效应（倒逼效应、腐蚀效应和压缩效应❶）得以发挥。一是倒逼效应。所谓倒逼效应，就是高考用先进的命题理念、命题技术、命题思维倒逼基础教育改革，用先进教育评价理念反作用于基础教育学校的课程与教学，促使其走上一条更科学、更合理的发展轨道。例如，为解决学生知能结构不合理的弊端，高考对命题思路及考试内容进行改革。2014 年，国家提出"两依据一参考"，即考生成绩由统考和学业水平考试组成，并参考综合素质评价的结果。2017 年 6 月，在上海和浙江高考试验地使用"3+3"的考试模式，英语考试实行一年多考。❷二是腐蚀效应。"所谓腐蚀效应，就是高考自身难以克服的一些缺陷可能将基础教育引入误区，使其偏离教育的初衷与正道，将基础教育改革逼进'死胡同'，进而阻滞基础教育改革的正常步伐。"❸"由于目前高考的命题技术还达不到客观、真实地衡量学生能力水平的程度，这就给'答题技术'留下了生存的空间。"❹"这是高考制度难以自克的一道难题，高考改革任重而道远。换个角度看，高考毕竟不可能是完美无瑕的一种学生素养检测方案，它永远具有'双面性'——优劣二重性，我们在选择高考制度的同时也必定选择了它的瑕疵，其对基础教育领域的教与学带来伤害也是一个必然事件。一

❶ 龙宝新 . 站在基础教育的立场上看高考——评《高考改革与基础教育变革》[J]. 当代教育科学，2019（3）：59-65.

❷ 宗钰，邹放鸣 . 现代化发展与适应性变革：1977 年以来高考制度改革创新的历史轨迹、现实审思、未来展望 [J]. 现代教育管理，2017，332（11）：14-19.

❸ 龙宝新 . 站在基础教育的立场上看高考——评《高考改革与基础教育变革》[J]. 当代教育科学，2019（3）：59-65.

❹ 周序 . 高考改革与基础教育变革 [M]. 杭州：浙江教育出版社，2017：49.

句话，我们注定难逃高考对基础教育的'腐蚀'效应，只能在有限范围内缓解其负面危害力。"❶ 三是压缩效应。"作为一次高利害性考试，高考是一种终结性考试、选拔性考试、一次性考试，这就决定了高考导航下的基础教育很容易被压缩、被提存、被萃取精华，原本鲜活、生动、多彩的教学过程、教学内容被阉割的只留下首尾与考点：与考试相关的知识、技能被压缩成为'核心考点''考试精华'，受到师生的高度青睐，而不与高考相关或高考无法考查的教学内容则被弱化、被淡出，甚至被下放到课外、校外，成为学校教育的'装饰品'；与考试结果、参考答案相关的知识点被高度关注，而与人的素养品质、情感态度等密切相关的教学过程则被压缩、被忽视，甚至被逐出教学天地。"❷ 上述知识压缩、教程压缩、学程压缩、教学周期压缩等现象正是源自高考这一终极目标的遥控。

5.3.2　新高考及其对育人方式的影响

"高考是国家选拔人才的重要形式和手段，国家的需要是高考最重要的价值。"❸ "旧高考制度'之所以备受诟病，究其深层原因，就是学生个性表达的不充分或者说被压抑，以及学生与高校双向选择的路径不畅'。基于'人'之差异性的'人'的全面发展是'新高考'的价值取向。"❹《教育规划纲要》为新阶段我国考试招生政策的改革奠定了政策基础，更是直接推动了 2014 年《国务院关于深化考试招生制度改革的实施意见》的出台，全面开启了更加深入及更具创新性的新一轮考试招生政策改革。

❶ 龙宝新 . 站在基础教育的立场上看高考——评《高考改革与基础教育变革》[J]. 当代教育科学，2019（3）：59-65.
❷ 同❶。
❸ 胡东芳 . 当代中国高考政策的多元化发展及其完善策略 [J]. 教育发展研究，2004（4）：53-57.
❹ 尹达 ."新高考"的价值取向、现实挑战与路径选择 [J]. 陕西师范大学学报（哲学社会科学版），2017，46（4）：35-42.

1. 新高考的改革任务

边新灿、蒋丽君和雷炜用"一体四面"来概括❶新高考的主要任务。"'一体'是：以学生为本体，以促进学生健康发展为根本目标。'四面'是：'融通'，取消文理分科，实施 3+3 模式或者 3+1+2 模式，实现知识融通，跨越非黑即白的两极思维习惯；'综合'，实行综合评价，将综合素质评价和学业水平考试作为高考录取的重要参考和组成，拓宽评价的宽度，改变'唯分数论'线性评价模式；'过程'，探索过程评价和发展性评价，延伸评价的长度，破解'一考定终身'难题；'选择'，扩大选择，培养学生的生涯规划意识和能力，扭转'共性淹没个性'局面。"郑程月博士指出，"这一阶段高考政策改革的重要举措有：取消文理分科，将统考"套餐"变为学考 + 选考的"自助餐"模式；由素质立意向综合素质立意的进一步升华；分类考试的建立与增加"全国统一命题"的省份；综合素质评价与多元评价体系的探索与构建；清理与规范高考加分，高考法治化建设全面加强。"❷宗钰和邹放鸣从六个维度概括了新高考现实表征，分别为："考试环境上，从计划经济到市场经济再到网络社会环境的转变；招考对象上，从传统学校的学生向多元化社会人的转变；命题思想上，从'知识立意'向'能力与素质立意'再到'核心素养'的转变；考试功能上，从政治功能向经济功能、社会功能的转变；考试科目上，从单纯的"应试教育"到能力创新、素质提升的'素质教育'再到学科素养的拓展；管理模式上，简单化、行政化的干预模式向分权化、专业化的模式转变。"❸

2. 对育人方式的影响

新高考作为"指挥棒"，也推动普通高中育人方式的变革。一是对育人观念的影响。"新高考对普通高中教育观念转变的引领，是先以制度设计重铸

---

❶ 边新灿, 蒋丽君, 雷炜 . 论新高考改革的价值取向与两难抉择 [J]. 中国高教研究，2017（4）：61-65.

❷ 郑程月 . 我国考试招生改革演进研究（1977—2017）[D]. 天津：天津师范大学，2018.

❸ 宗钰, 邹放鸣 . 现代化发展与适应性变革：1977 年以来高考制度改革创新的历史轨迹、现实审思、未来展望 [J]. 现代教育管理，2017，332（11）：14-19.

普通高中学校共同体的教育观念，经由人本理念对普通高中教育理念的重塑之后，再通过新高考的持续推进，促使普通高中教育观念的落实。"❶本轮改革努力让每个学生都有人生出彩的机会，确立了以学生全面发展为本的宗旨，以尊重个性为核心理念，以多样实践为形态特征，以主动选择为行为方式，以奠基终身为育人目标，深刻诠释了《教育规划纲要》"'为每个学生提供适合的教育'的根本追求❷。"二是对课程的影响。"'新高考'与'新课程'相互作用的结果就是推动普通高中育人方式变革，特别是'新高考'选考科目的设置、考试内容的改革和录取方式的多元，客观上会'逼迫'普通高中学校依照国家课程标准开齐开足课程，加强综合实践活动，培养学生的综合素质，完善学校课程管理。"❸为此，教育部发布的《关于做好普通高中新课程新教材实施工作的指导意见》，明确了 2022 年全国均实施新课程新教材的工作目标。同时，为了改变"一考定终身"的局面，新高考"通过'增加学生选择权'，把生涯探索期的迷茫与困惑前置，使自我探索和对未来的思考回归高中主体，这种前置和回归与青少年生涯探索的任务是一致的，实质上是对教育本质的回归，是以人为本的体现，是对个性的尊重。然而，这种突然的回归却使原本致力于解决学业问题的高中学校、学生和家长感到措手不及"❹。因此，"多元选择的高考方案带来生涯发展的新挑战，倒逼社会各界联合起来关注人的成长。结合前沿的生涯理论和高考背景下的高中生生涯发展现状，需要学校更新观念，制订生涯教育整体规划；学科融合，提供多元和优质的学习经验；内在唤醒，帮助学生逐步形成自主选择能力"。❺三是新高考走班制需要教学组织管理的创新。"走班制并非新事物，但随着新一轮考试制度改革的开展，它被赋予新的内涵与价值，暗含了教育教学发展和学生

❶ 尹达 . 论"新高考"对普通高中教育改革的影响路径 [J]. 教育理论与实践，2020，40（20）：15-18.
❷ 周海涛，景安磊 . 新高考改革助推教育升级 [J]. 教育研究，2015，36（8）：91-97.
❸ 同❶。
❹ 樊丽芳，乔志宏 . 新高考改革倒逼高中强化生涯教育 [J]. 中国教育学刊，2017，287（3）：67-71，78.
❺ 同❹。

个性发展的时代需求，契合了普通高中教学组织形式未来发展的新特点。它对高考改革的顺利推行、满足学生个性需求、提升高中教育教学质量等方面具有重要价值。"❶ "当前，普通高中'选课走班'主要有自主化的'完全走班'制（高中所有课程全部采用走班制教学，这对学校软硬件提出了很高的要求）、严格限制性的'套餐定班'制（学校预先为学生提供可供选择的课程组合套餐，按照预设的'课程套餐'编班教学，而这种按照固定套餐所设班级也是固定的，既是教学班又是行政班，根本无须'走班'）和半开放化的'选课走班'制（即统一高考的语文、数学、外语及无须选课的音乐、体育、美术等课程不走班，高考选科科目实行走班制，由选择相同科目的学生重新组成'选课班级'，形成了原行政班与新教学班并行的格局）。实践表明，采用半开放化的'选课走班'制是新高考背景下普通高中教育改革的大势所趋与本质要求，即'保留'行政班、'开放'教学班。"❷ 四是新高考改革鼓励课堂教学改革。"我国新一轮高考改革以'个体人'的全面发展为价值取向，以'两依据一参考'为招生标准，对高中教育教学具有深远的影响。新高考的内容与形式也势必促进普通高中深化'创新＋指导'的课堂教学改革，以使普通高中适应新高考的变化，并在落实课程改革内容与要求的同时，完成以'考改'促'教改'之目的。"❸

5.3.3　新高考牵引育人方式变革的典型案例

"新高考"要求普通高中构建"全面＋特色"的课程培育体系，促使普通高中实施"选择＋保留"的教学组织管理，促进普通高中深化"创新＋指导"课堂教学改革。❹

---

❶ 王润，周先进.新高考改革背景下高中走班制机制构建 [J].当代教育科学，2016，429（6）：49-53.

❷ 尹达.论"新高考"对普通高中教育改革的影响路径 [J].教育理论与实践，2020，40（20）：15-18.

❸ 同❷。

❹ 尹达.论"新高考"对普通高中教育改革的影响路径 [J].教育理论与实践，2020，40（20）：15-18.

1. 构建"全面 + 特色"的课程培育体系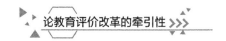

上海是本次新高考改革的第一批试点城市之一。新高考选课和选考制度逼迫高中课程设置的丰富化、全面化。创建于 1944 年的上海 ×× 学校计划从 2014 年到 2017 年，"对学生的学习方式和教师的教学方式进行全面彻底的变革，全面贯彻实现'以学生发展为本'的教育理念，发展学生的个人价值，实现'人人成功,个个发展'，更好达成学校的教育目标"。为了实现这一目标，×× 中学构建了"全面 + 特色"的特色体系，"以必修课为主，选修课为辅，同时将课程划分为不同层次，来适应学生不同层次和不同发展的需求。学校以课程改革为核心，以遵循素质教育目标为导向，促进学校不断的改革创新"。其中必修课与选修课的全方位开展展示了全面性，而校本必修和部分选修课程展示了其因校而设的特色性。另外，该校课程设置的特色性还体现在他们针对不同学情学生而设的分层课程上。"对于语、数、外三门课程，除了语文外，数学与英语学校进行分层教学，分为 B（偏基础）、C（偏深度）两层，学生选择 B 层和 C 层进行学习，并不是一成不变的。B 层的学生如果想去 C 层学习，那么只需要参加'升 C 考试'，若考试通过，则可以转向 C 层学习；如果 C 层学生感觉自己跟不上 C 层的教学节奏，也可以选择调整到 B 层去打好基础。对于语文课为什么不进行分层走班，×× 中学校长表示：学生的语文水平相差不大，不用分层次进行教学；同时，学校大力实行选课走班，弱化了行政班级的概念，语文课进行班级授课正好能够促进班级成员的凝聚力，形成集体主义感。""对于政、史、地、物、化、生这六门科目，学校将其分成 A、B 两个层次。A 层次为合格考试难度，B 层次为等级考试难度。要求学生在这六门课程里面选择三门进行等级考试，也就是最后的分数计入高考分数中，剩下的三门只进行合格考试就可以"。

---

❶ 李娜 . 新高考改革背景下我国普通高中选课研究 [D]. 沈阳：沈阳师范大学，2016.

2. 实施"选择 + 保留"的教学组织管理 ❶

天津市是继上海、浙江之后的第二批高考改革试点省市之一，2017 年开始全面推行选课走班制。"天津市 E 区属于天津市内六区之一，是沟通市区与滨海新区的重要途径之地。由于历史上工业产业起步较早，因此教育资源相对充足。"在该区内共有 9 所高中，"为有效实施 E 区各高中学校进行选课走班教学模式的改革，E 区在以各高中学校基本条件的基础上，有条不紊地进行改革措施，由此专门组织专家团队细研政策文件的内容，在充分理解政策文件内容的情况下，到高中课程改革的先行试验地区上海和浙江进行学习交流，站在巨人的肩膀上，再结合本区的实际情况，制定选课走班的相关工作制度，并从细节上研究制度如何有效落地。"

在学生选课方面，该区学校也采用了"选择 + 保留"的模式，构建固定行政班的同时，在最小范围内进行走班。该区各学校基本采用"行政班 + 教学班"的形式实施走班，一般在高一两个学期为学生提供所有科目的基础课程，高一下学期让学生基本确定所选科目，高二上学期开始实施走班。为便于学校对学生的管理，以及考虑教师和教室等各种条件的影响，基于学生选课情况的充分调研，基本实施定二选一或定一选二相对固定的走班模式，学校根据学生 3 科选科组合情况，将选择同样 3 科的学生固定行政班级，将选择 2 科同样的学生固定行政班级，这些学生剩下的 1 科实施走班，将选择 1 科相同的学生组成行政班级，这些学生剩下的 2 科实施走班。走班数量越大，对学生的管理难度越大。因此，对于有些选择组合情况特别的学生，学校会调整学生意愿，迎合学校安排。为便于选课走班的管理常态化，各学校制订了《高中选修课管理手册》，《高中选修课管理手册》中对学生选课、教室安排、教师分配、课程设置等方面作出规定。为学生获得更多信息以便于选课，一些学校开发智慧选课系统，让学生能顺利进行选课。

---

❶ 高玉青. 天津市 E 区高中选课走班管理策略研究 [D]. 天津：天津大学，2021.

3. 深化"创新 + 指导"课堂教学改革

"新高考的内容与形式也势必促进普通高中深化'创新 + 指导'的课堂教学改革，以使普通高中适应新高考的变化，并在落实课程改革内容与要求的同时，完成以'考改'促'教改'之目的。"❶ 一方面，课程教学需要创新内容与形式以适应新高考的需求。以 2016—2018 年的江苏高考化学卷为例，"试卷命题的背景材料以'真实应用性问题情境'为载体的占到了试卷总分的 80% 左右"❷，很好地体现出新高考的特点。而在化学新课标中，"每一个主题的教学提示、教学与评价实施建议、学业水平考试命题建议等都要求以'真实情境为载体、以实际问题为测试任务'"❸。因此，课堂教学有必要将真实、具体有应用性的场景融入其中，提高学生解决实际问题的能力。另一方面，为了帮助学生更好地适应当今的选科制、走班制，教师需要指导学生学会如何进行生涯规划与职业规划。除了可以开展职业生涯规划的课堂教学和课后指导，还可以将职业生涯规划教育渗透进学科教育之中。以高中地理学科为例，陕西师范大学的楚松松曾整理了现阶段高中地理教材适合渗透职业生涯教育内容的章节，将职业信息与地理知识有机融合❹；广州大学的魏丽蓉设计了两个将职业生涯规划教育渗透进高中地理教学中的课例，并进行了教学实践，在课堂中运用多媒体提供丰富素材，结合讲解为其提供了有关环境保护的行业知识。❺ 实际上，教育工作者这些在"指导"上的探索又反映了他们的"创新"。

---

❶ 尹达. 论"新高考"对普通高中教育改革的影响路径 [J]. 教育理论与实践，2020，40（20）：15-18.

❷ 林亮，刘洪军. 新高考中真实应用性问题情境的价值研究与教学启示——以 2016—2018 年江苏高考化学卷为例 [J]. 化学教学，2019，386（5）：88-93.

❸ 同❷。

❹ 楚松松. 新高考背景下高中地理教学中职业生涯规划教育的渗透策略 [D]. 西安：陕西师范大学，2018.

❺ 魏丽蓉. 职业生涯规划教育在高中地理教学中的渗透 [D]. 广州：广州大学，2021：55.

5.3.4　育人方式变革需招生制度创新

考试、招生制度是国家选才用人的主要手段，两者相互作用、相互影响。没有考试制度的改革，招生制度改革就无从谈起；没有招生制度改革，考试制度改革便落实不彻底。两者对育人方式变革的影响都很深远。从目前看，考试制度改革已经对基础教育的育人方式变革产生了深刻影响。但是在我国，如果在全社会要彻底改变不科学的育人观念，在学校全面改进课程设置、选课走班、多元化教学方式等，招生制度不改革，依然是阻力重重，效果减半。因此，有学者认为，招生制度居于核心地位，影响和决定着高考制度，是高考制度改革的关键。●

1. 招生制度改革的发展历史

改革开放之初，恢复高考，成为普通高等教育招生的主要途径。20 世纪 90 年代初，为了增加考生的自主选择权，高考招生开始引入多批次、多志愿的填报方式。此外，各地开始探索多元化的招生途径，包括推行高职院校招生、自主招生和特殊类型招生等。20 世纪 90 年代中期，高考综合改革试点工作在全国范围内逐步展开，试行分科目志愿填报制度。此时也开始出现了一些高校自主招生的先例，鼓励学校在招生时考虑综合素质和特长。21 世纪初，随着中国经济的快速发展和教育水平的提高，高考招生改革进入快速推进的阶段，多地开始探索高考招生改革的细化措施，如设置选考科目、提出志愿分数线等。2003 年，为了平衡不同地区和学校之间的教育资源差异，中国开始实行高考加分招生录取政策，对农村考生和西部地区考生给予一定的加分优惠。2003 年，教育部批准 22 所"211 工程"院校试行自主招生，并不断扩大试点的范围和类型。至 2016 年，全国共有 95 所高校具有自主招生权。2005 年，高考综合改革试点全面展开，试行一批一志愿、平行志愿填

● 谷振宇 . 录取制度：高考改革的关键 [J]. 大学教育科学，2010（4）：23-25.

报制度。此外，开始探索推行高考成绩综合评价和招生录取多元化的改革。2014 年，新高考改革试点启动。新高考制度改革的重点在于考试制度改革，招生制度改革力度明显弱化。

2. 新高考背景下的招生制度的改革困境

在狭义上高考是高校招生在智育方面的评价手段。但是在实践过程中，"高考形成的分数是最重要的处于压倒性地位的筛选标准，'分数面前人人平等'信念深入人心，高考的权威性、影响力空前突出，以至'高考'有时候成为'高校考试招生制度'的同义语"❶。新高考改革不仅在改革考试科目、考试形式及命题导向等，还旨在实现高校录取的多样化，但在实施过程中存在一些问题。一方面，由于高考成绩长期以来在中国社会中具有很高的公信力和社会认可度，学生和家长对于高考成绩的重视程度很高，将其视为衡量学生能力和未来发展的重要指标。同时，由于综合素质评价涉及学生的多个方面，如学术成绩、实践经历、特长技能、领导能力、团队合作等。这些方面的评价存在多样性和复杂性，难以进行准确、公正、可比较的量化评价。高校可能更倾向于使用较为简单、可量化的指标，如高考成绩，而忽视其他难以量化的素质评价，一些高校可能出于社会认可度和招生稳定性的考虑，依然倾向于采用高考成绩作为主要录取依据，忽视综合素质评价的结果。另一方面，由于实施综合素质评价需要高校投入大量的人力、物力和财力资源，一些高校可能在评价体系建设方面面临资源和能力的限制。评价体系的建设需要相关的培训、指导和技术支持，需要投入大量的人力和经费。缺乏足够的资源，能力可能使高校对于综合素质评价持保留态度，不愿意在录取中给予充分的权重。这导致一些学生在录取过程中仍然受到高考成绩的制约，难以充分展示自己的综合素质。

---

❶ 边新灿，韩月．论高考改革作为一种教育评价改革 [J]．中国高教研究，2021（4）：28-35．

3. 招生制度改革的未来趋势

招生制度改革是全球教育领域的一个重要议题，世界各地都在探索和推动招生制度的改革。一是探索多元化录取方式。越来越多的国家和地区开始探索多元化的录取方式。传统的单一考试成绩作为唯一录取依据的模式逐渐转变为综合评价、面试、特长考核等多种方式的组合。这样可以更全面地了解学生的能力、特长和个人品质，减少对单一标准的依赖。二是重视综合素质评价。在招生制度改革中，越来越多的国家和地区开始注重学生的综合素质评价。综合素质包括学术能力、领导才能、实践经验、社会责任等多个方面，通过综合评价来评估学生的全面发展和潜力。三是尝试社区参与和综合评价。一些国家和地区开始探索社区参与和综合评价的模式。这意味着社区成员、教师、家长等可以参与到招生过程中，提供对学生的评价和推荐信等材料。综合评价的结果不仅仅依赖于学生的个人申请，也考虑了社区的认可和推荐。四是倡导全人教育和培养多元化人才，招生制度改革越来越注重全人教育和培养多元化人才。除了学术成绩，学生的综合素质、创新能力、团队合作能力、跨文化交流等能力也受到重视。目标是培养更具综合能力和创新精神的学生，适应未来社会的需求。五是注重透明度和公平性。招生制度改革中，透明度和公平性是重要的关注点。许多国家和地区在招生制度中引入公平机制，确保每个学生有平等的机会参与并受到公正的评价。透明的录取规则、评价标准和程序可以增加招生过程的公信力和可信度。

4. 我国"两依据一参考"招生政策落实中的问题

"两依据一参考"招生政策是指招生录取依据主要包括高中阶段学校学业水平考试成绩、高中阶段学校综合素质评价和高校招生考试成绩三个方面。这一政策旨在综合评价学生的学业水平和综合素质，促进素质教育和多元化招生。但在具体落实中暴露出了许多问题。一是考试成绩仍然占主导地位。尽管政策提倡综合素质评价，但考试成绩仍然在招生录取中占据主导地位。一些高校和招生委员会在录取过程中更注重考试成绩，给予综合素质评价的权重较小，这导致综合素质评价的实际效果不尽如人意。二是综合素质评价标准不统一。综合素质评价的标准和指标在不同地区和学校之间存在差异。缺乏统一的评价标准，导致学生在不同地区和学校的评价结果存在差异，这使得学生和家长对综合素质评价的公正性和可靠性提出质疑。三是学生和家长更加焦虑。实施"两依据一参考"政策增加了学生和家长的焦虑和压力。学生需要在学业成绩的基础上，努力发展综合素质和特长，以期在评价和录取中脱颖而出。家长也需要承受额外的教育压力，包括培养学生的特长和素质、帮助学生应对评价和录取的挑战等。

5. "两依据一参考"招生政策的改进

优化"两依据一参考"招生政策的实施，提高综合素质评价的准确性和公正性，推动招生录取制度向更加公平和全面的方向发展，需要从以下方面入手。一是统一评价标准和指标。制定统一的评价标准和指标，确保在不同地区和学校之间评价的公平性和可比性。通过制定明确的评价标准，可以减少评价结果的主观性和差异性，提高评价的准确性和公正性。二是加强评价体系建设。提供必要的资源和支持，加强学校对综合素质评价体系的建设。这包括培训教师和评委，提供评价工具和方法的指导，确保评价体系的科学性和有效性。三是完善评价流程和机制。建立完善的评价流程和机制，确保评价的透明度和公开性。学生和家长应该清楚了解评价的具体过程和依据，有机会参与和申诉。同时，建立专门的评审机构或委员会，监督评价的质量和公正性。四是提高教师和评委的专业素养。加强教师和评委的培训和专业素养提升，使其具备准确评价学生综合素质的能力。教师和评委需要了解综合素质评价的理念、方法和标准，具备科学评价的能力，避免主观偏见和评价失真。五是加强社会参与和监督。鼓励社会各界参与招生评价的监督和参与，促进公众对招生政策的了解和认可。社会组织、专家和家长可以参与评价的监督和评估，确保评价的公正性和透明度。六是改善招生信息发布机制。建立更加全面和透明的招生信息发布机制，提供详尽的招生录取规则和流程，使学生和家长能够充分了解录取政策和条件。这可以减少信息不对称的问题，提高招生过程的公平性和透明度。七是完善改进高校自主招生。统一高考和自主招生的有机结合是高校自主招生的实施途径，应小范围尝试多种自主招生模式。在过去四十多年的探索中，已经形成了几种模式❶：一是统一考试 + 高校自主招生。由政府组织针对自主招生的统一考试，高校根据自身要求，考核、录取学生。这也是自 2003 年以来，中国高校自主招生改革试点一直采用的招生模式。二是高校自主考试 + 高校自主招生。这一模式已在 2006 年复旦大学和上海交通大学，以及北京、上海等省市的部分高职院校自主招生改革中试行。三是区域联合考试 + 高校自主招生。这里的"区域"既可以是同一省区，也可以是不同省区。通常来讲，组成这种区域联合的地区经济发展水平和教育发展水平应当是相当的，这样对于考生生源的要求也较为接近。四是高校联合考试 + 高校自主招生。这种模式适宜由性质或类型相近的高校采用。最大的特点在于能够较好体现不同类型高校的特殊办学要求，这是全国统考和区域统考无法比拟的，同时又比高校单独考试更能降低考试成本。过去几年，北京交通大学、北京林业大学、北京科技大学、北京邮电大学、北京化工大学几所高校已经尝试了这种招生方案。五是考试机构考试 + 高校自主招生。这种市场化的考试模式，其特点是招考分离，由社会考试服务机构提供考试服务。随着中国市场经济改革的深入，经济领域与社会领域的独立性和自主性逐步增强，此类市场化的招考模式也必然在中国产生。但是这几种模式，由于高考的高利害性及高校自主招生改革试点的不规范，完善的管理和监督机制尚未建立等因素而受到质疑，特别是在公平、诚信、自主考试的科学性、成本与效益、考试倾向等方面都受到不少质疑，而使其改革的效果与初衷适得其反。但从长远来看，高校自

❶ 肖娟群．我国高校自主招生考试的历史考察与现状研究 [D]．厦门：厦门大学，2008：62-65.

主招生应是中国高校考试招生制度的改革方向和关键点，是统一高考的重要补充，是发展高等教育、科学选拔人才的必由之路。为此，应鼓励高校探索建立一种体现高校个性和学科特点、适合考生特长发挥的选拔机制，这是当前高校自主招生改革的重难点。在信息技术的加持下，搭建自主招生信息平台，协同社会、家长加强监督检查，相信高校自主招生探索之路会越走越宽。

第6章 改进增值评价，牵引办学模式变革

《总体方案》提出："改进结果评价，强化过程评价，探索增值评价，健全综合评价，充分利用信息技术，提高教育评价的科学性、专业性、客观性。"有关四种评价的研究随之不断丰富。与其他评价相比，增值评价的提出与应用，在新时代教育评价改革中有其独特的地位。重视这种独特的应用，对办学模式变革、引导不同类型学校办出特色具有非常深刻的影响。

6.1 增值评价及其发展

增值评价起源于詹姆斯·科尔曼 1966 年向美国国会提交的《关于教育机会平等性的报告》，简称"科尔曼报告"（Coleman Report）。其研究结论引发了世界范围内对学校效能的争论，催生了学校效能增值评价的出现。

6.1.1 增值评价的基本内涵

增值评价是指基于学生自身测验成绩的纵向比较，并考虑其他不受学校或教师控制的因素对学生成绩的影响（如学生的原有成绩水平、人口学因素、家庭背景信息及学校周围地区的经济发展水平等）[1]，使用多水平模型对数据

---

❶ TEKWE C D, CARTER R L, MA C X, ALGINA J. An Empirical Comparison of Statistical Models for Value-Added Assessment of School Performance [J]. Journal of Educational and Behavioral Statistics，2004，29（1）：11-36.

进行统计分析，可以将上述因素对学生成绩的影响与学校或教师对学生成绩的效应分离开来，追踪学生在一段时间内学业上的变化，考察学校或教师对学生学业成绩影响的净效应，进而实现对学校或教师效能较为科学、客观的评价。❶ 增值评价作为一种前沿的教育评价方式，是通过追踪学生在一段时间内学业上的变化，考察学校或教师对学生学业成绩影响的净效应，进而实现对学校或教师效能较为科学、客观的评价。

由此我们可以看出，增值评价的直接对象虽然是学生，但是最终反映的却是学校或者教师在学生成绩变化中的实际效用。成绩最初主要表现为学业成绩，随着办学理念的变化，也可以扩展到反映学生综合素质的方方面面。因此，增值评价的自测内容最为关键。如果自测内容仅局限于学业成绩，那学校效能越高，越可能成为应试教育的帮凶。同时，我们也可以看出，与传统的总结性评价、形成性评价相比，增值评价的显著特点在于它对学生学习起点、过程与结果的共同关注，它考量的是学校能够给学生带来的"增值"。增值越多，学校在成才培养中的贡献就越高，以此证明学校教学质量就越好。

6.1.2　增值评价的发展历史

自 20 世纪 70 年代以来，以"科尔曼报告"为起点，学校效能的增值评价研究在世界范围内逐渐发展起来。20 世纪 80 年代中期以前，增值评价的应用一直受到统计技术发展水平的限制。20 世纪 80 年代末，多水平模型技术的发展与完善，为增值评价提供了精确可信的分析方法。由于英、美两国统计技术的发展及现实的强大需要，多水平模型和增值评价方法率先在这两个国家得到了充分的应用。❷ 1983 年，《国家处于危机之中：教育改革势在必行》（*A Nation at Risk：The importance for educational reform*）报告的出台，美国全

---

❶ 辛涛，张文静，李雪燕. 增值评价的回顾与前瞻 [J]. 中国教育学刊，2009（4）：40-43.

❷ 任春荣. 增值测量法：公平利用考试成绩评价学校效能的科学途径 [J]. 中国考试，2007（4）：12-16.

国上下对教育状况的关注水平空前提高。1989 年，美国总统召开五十个州州长教育峰会，思考教育问题，制定行动方案，并最终形成了六项国家教育目标。随后，为响应新的教育目标，美国各州掀起教育改革的热潮，并提出了学校问责制的概念。"1992 年应此热潮田纳西州政府率先采用增值评价系统作为州教育促进法案的一部分，达拉斯州也从增值的角度探讨了判断高效能学校的量化程序并发展了适用于该州的增值评价系统；此外，北卡罗来纳州、得克萨斯州等也将增值评价应用于教育问责制主体框架之中。随着联邦教育法《不让一个孩子掉队》(*No Child Left Behind*) 的出台，增值评价受到越来越多教育工作者的认可和政策制定者的青睐，正逐渐成为美国教育评价的主流方式。"❶

在英国，20 世纪 80 年代末以来，政府每年都公布所有学校以原始分数表示的学生成绩排名表。由于原始分数没有考虑影响学生成绩而学校自身又难以控制的因素，如生源质量等，因而不能公正、客观地反映学校效能。为解决这一评价上的问题，研究者提出了"增值"概念。英国的增值评价同美国类似，也是首先从地区水平上发展起来的。国家统一课程的建立及链接国家数据的新资源的出现，为增值评价在整个国家内的推行提供了可能。"英国政府于 20 世纪 90 年代接受了增值评价法，2002 年在全英格兰和威尔士推行学校效能的增值评价模式，2004 年和 2005 年试点，2006 年全面开展学校效能的'多元'增值评价，并将增值评价指标作为一项重要的创新性指标加入现有的评价指标体系中。"❷ 此外，随着增值评价理论的完善，统计技术和相应软件的发展，这一评价方法也逐步在其他国家和地区推广和实施。❸

❶ SANDERS W L, HORN S P. Research Findings from the Tennessee Value-Added Assessment System (TVAAS) Database : Implications for Educational Evaluation and Research [J]. Journal of Personnel Evaluation in Education, 1998, 12 (3): 247-256.

❷ THOMAS S, PENG W J, GRAY J. Modeling Patterns of Improvement over Time : Value-Added Trends in English Secondary School Performance Across Ten Cohort [J].Oxford Review of Education, 2007, 33 (3): 261-295.

❸ 辛涛，张文静，李雪燕 . 增值评价的回顾与前瞻 [J]. 中国教育学刊，2009 (4): 40-43.

6.1.3　增值评价在我国的发展前景

我国的教育评价研究文献中最早介绍"增值"概念是在 20 世纪 90 年代中后期，但当时并没有引起重视。随着国外绩效责任制的实施和增值性方法的广泛应用，对这一方法的介绍和说明才逐渐增多，促进了该方法在我国的发展和应用。❶

1. 理论前景广阔

增值评价代表着对评价对象自我进步的褒奖和鼓励，而不是只关注被评价对象的起点是否足够高，看重过程性发展式的转变和进步，打破被评价对象的固化印象，给不同等级不同类别的被评价对象以更多的发展可能性。❷这无疑是一种全新的思维和策略，将为我国教育体系注入新的发展活力。

增值评价关注学生进步幅度与学校办学、教师教学之间的关系，探索学生个体纵向发展情况，目的在于提高学校办学效益，改进教师教学效能，更好地为学生发展服务。以往基础教育领域主要以学生测评成绩和学校升学率作为衡量学校办学与教师教学的依据，这种评价方式在一定程度上实现了评价的公平与效率，但难以保证评价的科学性。"在一所学校中，增值评价以一段时间内学生在原有水平上的相对进步程度为考查目标；在不同学校间，增值评价以一段时间内该校学生与其他学校学生在原有水平上的相对进步程度为考查目标。相对于传统的评价，增值评价能更好地区分不同层面、不同主体及不同因素在学生个体发展中的作用，全方位地考查'背景—投入—过程—产出'过程，从产出看质量，使评价结果更为科学和公平，能有效地区分不同因素对学生发展的影响程度。"❸

---

❶ 张煜，孟鸿伟 . 学校效果研究与教育过程评价 [J]. 教育研究，1996（7）：59-64 ；南纪稳 . 教育增值与学校评估模式重构 [J]. 中国教育学刊，2003（4）：59-61.

❷ 赵德成 . 教学中的形成性评价：是什么及如何推进 [J]. 教育科学研究，2013（3）：47-51.

❸ 同 ❷。

从我国教育体系发展的角度看，增值评价体现分级分类的思想，有利于打破评价结果的分层固化，有助于促进我国各级各类学校的多样化发展。以高等教育为例，增值评价有利于打破高校排名带来的身份固化和同质化。政府主导的高校分层导致高校身份固化，社会主导的大学排名榜导致大学同质化，排名靠前的高校带来的名誉、资源等的"优惠"也容易"招致"其他高校的模仿，这是因为优秀的标尺只有一个且不分类。"增值评价带来了优秀标尺分级分类的可能性，使高校由'一列纵队'向'多列纵队'转变，比如一所行业高校不与综合性、研究型大学作比较，而是找同型大学作标杆，通过连续的改进达到超越标杆的目的。实际上，在增值评价下，一所高校甚至可以与'昨天的自己'比较，只要有进步空间和幅度，便也是一种优秀表现。"❶

2. 实践困难重重

当前，我国正处于教育改革不断深化的关键阶段，如何评价教育质量，如何借助教育评价促使教育质量进一步提高，增值评价为我们提供了新的思路。"增值评价的目的在于有效地引导学校从重投入重过程、从重生源到重培养、从单纯注重结果到关注教育全过程，也正是这些优势推动了这一方法在实践中的应用"。❷

但实践应用效果并不好，表现在以下几个方面：第一，来自数据获取和分析方面的挑战。实施增值评价需要收集大量的数据，包括学生的初始水平、学习成绩、学习进展等。然而，获取和整理这些数据可能是一项复杂和耗时的工作。此外，对数据进行准确和可靠的分析也需要专业的技能和工具。缺乏高质量的数据和数据分析能力可能限制了增值评价的有效应用。第二，来自教学质量和课程标准的多样性挑战。增值评价的目的是衡量学生在

---

❶ 赵德成. 教学中的形成性评价：是什么及如何推进 [J]. 教育科学研究，2013（3）：47-51.

❷ 马晓强，彭文蓉，萨丽. 学校效能的增值评价：对河北省保定市普通高中学校的实证研究 [J]. 教育研究，2006（10）：77-84.

教育过程中的进步，但教学质量和课程标准在不同学校和地区可能存在差异。不同的学校可能采用不同的教学方法和课程设置，这使得对学生进步的比较和评估变得更加复杂。确保评价的公平性和可比性是一个挑战。第三，来自多元发展和非认知因素的挑战。传统的评价方法通常侧重于学生的学业成绩和认知能力，而忽视了学生的多元发展和非认知因素，如创造力、领导能力、社交技能等。然而，这些因素对学生的综合发展和成功同样重要。例如，"如何建立一个包括学生在音乐、美术和体育等方面的发展情况的长期追踪系统，从而实现对学校或教师效能的科学评价，需要开发相应的评价工具和方法"。❶第四，来自教师参与和接受度的挑战。实施增值评价需要教师的积极参与和支持。然而，一些教师可能对评价方法和标准表示怀疑或不满意。他们可能认为评价过程过于烦琐，或者担心评价结果对他们的职业发展产生负面影响。缺乏教师的参与和接受度可能影响增值评价的有效性和可持续性。第五，来自政策和管理的支持方面存在挑战。政策制定者和管理者需要明确评价的目标和原则，提供相应的资源和支持，确保评价过程的公正性和透明度。缺乏政策和管理层面的支持可能限制增值评价的广泛应用和影响力。

6.2　办学模式及其问题

办学模式是近年来我国教育领域使用频率较高的一个概念，对其内涵的认识呈现为多视角状态。潘懋元、邬大光认为，办学模式是"在一定的历史条件下，以一定办学思想为指导，在办学实践中逐步形成的规范化的结构形态和运行机制"❷。这是对办学模式比较清晰的定义，它指出了办学模式关注的两大基本领域——结构形态与运行机制。结构形态主要是指学校的组织结构

---

❶ 辛涛，张文静，李雪燕．增值评价的回顾与前瞻 [J]．中国教育学刊，2009（4）：40-43．

❷ 潘懋元，邬大光．世纪之交我国高等教育办学模式的变化与走向 [J]．教育研究，2001（3）．

和协作机制，简单地说就是"谁主办、谁主管"。运行机制主要包括学校内部的工作流程、决策过程、资源调配和监督评估等方面。两者密切相关，不同的组织结构决定了其运行机制的差异。

6.2.1　我国基础教育的办学模式

我国办学模式在不同学段的表现和丰富程度差距明显。讨论办学模式的话题与文献也常常集中在职业教育和高等教育。基础教育因为办学模式整体比较统一且变化小而较少被谈论。但因基础教育是我们整个教育体系中规模最大的部分，基础教育的活力和质量决定着国家教育的整体水平。所以本文聚焦基础教育的办学模式并分析其历史发展与当前的存在形态。

1. 发展历程

在改革开放初期，我国的基础教育改革开始进行试点和摸索。一些地区和学校开始尝试探索多样化的教育模式和管理方式，如小学阶段的"小班化"教学和中学阶段的"选修课制度"。20 世纪 90 年代，我国的基础教育改革进入了一个全面综合的阶段。在这一阶段，政府推出了一系列教育改革政策，包括九年义务教育的全面普及、课程改革、教育质量评估等。此时，学校开始采取统一的课程标准，注重素质教育，加强学生的综合素养培养。进入21 世纪，我国基础教育改革迈入了一个重点突破的阶段。政府提出了"素质教育""创新教育"等重要理念，并加大对教育资源的投入。在这一阶段，学校开始推行多样化的教育模式，如综合实践活动、课程改革试验区、特色办学等。近年来，我国的基础教育改革趋向个性化发展。政府强调培养学生的个性发展和创新能力，推行个性化教育，注重学生的兴趣和特长发展。学校开始开设多样化的选修课程、社团活动，注重对学生的自主学习和创造性思维的培养。

2. 存在的类型

当前，根据办学模式的不同，基础教育也有不同的类型，学校提供了多样化的教育选择，以满足不同家长和学生的需求。同时，这些类型之间也可能存在交叉和重叠，一所学校可能具备多种类型的特征。从结构形态上看，我国基础教育主要分为四种类型：第一，公办学校。公办学校通常由教育行政部门负责管理和监督，其经费主要来自政府财政拨款。公办学校一般按照国家统一的课程标准和教学大纲进行教学，并实行义务教育阶段的免费教育。目前，根据《中国教育统计年鉴》2021 年统计，我国基础教育阶段的公办学校占比为 64%，其中义务教育占比更高，为 94%。第二，民办学校。民办学校是由民间组织或个人投资兴办的学校。这些学校可以是非营利性的，也可以是营利性的。民办学校在管理和运营上相对独立，但需要遵守教育行政部门的相关规定和政策。民办学校的经费主要来自学生的学费和其他收费项目。当前，我国基础教育阶段的民办学校主要集中在幼儿园和高中教育阶段，占比分别为 57%、27.2%。第三，联办学校。联办学校是公办学校和民办学校合作办学的一种形式。这种模式下，公办学校与企事业单位、社会组织或个人合作共同办学，共同承担办学责任和经费投入。联办学校一般由公办学校主导，享受公办学校的管理和政策优惠，同时也具备一定的办学自主权。第四，国际学校。国际学校主要面向外籍人员或海外归国学生，采用国际课程和教学模式，注重国际化教育。这些学校通常以英语为主要教学语言，教授国际通用课程，培养具有国际视野和跨文化能力的学生。从运行机制看，我国基础教育公办学校也发展出两种类型：一类是特色学校。特色学校可以有两种理解，一种是狭义的理解，即注重特定领域或特殊群体的教育，以培养相关领域的专业人才或满足特殊教育需求。这些学校通常在教学内容、教学方法、课程设置等方面具有一定的特色和优势，如艺术学校、体育学校、职业技术学校、农村寄宿制学校等。另一种是广义的理解，即指学校在教育教学、课程设置、学科发展、教师培训、学生管理等方面形成独特的、有别于其他学校的特色和优势。另一类是集团化学校❶。从 21 世纪初开始，各地教育部门纷纷以当地优势资源校为基点，开展基础教育集团化的补差活动，形成了补差模式。补差模式的集团化办学的总体思路是通过政府行政干预，借力优势资源校和优势资源区的教育品牌和教育力量，改造并优化弱势资源校和弱势资源区的学校共同体。后来又形成嫁接模式和共生模式。嫁接模式是以权威为主导，以"优化结构"为主要行动逻辑，旨在通过学校结构调整实现教育集团化办学的规模效应，平摊改革风险，获得学校各组织自身发展，其主要表现为各学校对科研机构和高校、中小学优势资源校的嫁接。共生模式以协同作用为动力，以"自组织"为主要行动逻辑，是以每所学校自身的确立和自律为前提的共同关系，旨在促进不同地区、每一所学校、每一位学生的成长，是基础教育集团化办学的高级阶段，也是集团化办学追求的理想模式。

6.2.2　存在的主要问题

随着我国基础教育办学模式的不断改革和发展，教育取得长足发展，成绩卓著。但也暴露出了一些问题，如类型单一、特色不鲜明，同时不同类型的学校还出现了一些共性问题，主要表现在以下几个方面。

1. 市场化倾向过强

近年来，我国的基础教育领域出现了市场化倾向过强的问题。一些学校过分注重经济利益，将教育当作商品来交易，导致一些教育资源过度集中于一些富裕地区和优质学校，而贫困地区和薄弱学校面临资源匮乏的困境。例如，河北省的衡水中学和安徽省的毛坦厂中学模式，前者以其高水平的教育质量而闻名，吸引了大量的优秀教师和学生资源。这导致了教育资源的不均

---

❶ 孟繁华，张蕾，佘勇. 试论我国基础教育集团化办学的三大模式 [J]. 教育研究，2016，37（10）：40-45.

衡，一些地区的学校和学生可能无法享受到同样的优质教育资源，加剧了教育的不公平。同时，衡水中学以其高考成绩的优异表现而闻名，这导致学校和学生过于注重考试成绩，而忽视了其他重要的教育目标，如全面素质的发展、兴趣和创新能力的培养。后者的办学模式更为严苛甚至是恐怖，被称作"高考监狱"的毛坦厂中学坐落在一个没有娱乐场所的小镇上。进入毛坦厂的学生都是成绩"有问题"的学生，毛坦厂中学也被称为"全国最大的补习中心"，这里的教师以冷酷著称，他们的口头禅是——"永远不要忘记你的失败"。这种办学模式，能够在短时间提高学生成绩，帮助其考上理想的大学，但是也容易导致学生的知识狭隘和文化闭塞，因此颇受争议。但因为能够满足家长、考生的需要，在一段时间内还是颇有市场的。同时，除市场化倾向的办学模式外，市场化的产物还有很多，比如择校热、培训班等。

2. 教与学的应试压力大

我国的基础教育存在着严重的应试教育倾向，导致学校、教师和学生面临巨大的考试压力。高考制度对学生的升学机会产生重要影响，这使得学生和家长过度关注分数和升学率，忽视了学生全面发展和兴趣培养的重要性。同时高考成绩对学校资源分配、教师的绩效奖励都会产生重要影响，也使得学校和教师成为应试教育的"帮凶"，深刻影响着教师的教学方式和课程设置。例如，学校和教师可能会将更多的教学时间和资源投入与考试内容直接相关的科目和题型上，将教学重心放在培养学生的学习方法和应试技巧，如解题技巧、时间管理和策略等方面，并且会频繁安排模拟考试和测试，以提高学生在考试中的应试能力。需要注意的是，这些行为的出发点是帮助学生提高升学率和应对升学压力，但因为过度的实施这些行为会导致学校不按课程安排教学，随意压缩课程延长课时，教师会难以平衡应试教育和学生的兴趣、创造力以及社会与情感发展的需要，导致学生几乎成为考试机器。

3. 发展不平衡

与此同时，我国的基础教育还存在教育资源不足和教育质量不均衡等问题。这些问题不仅仅因为发展滞后资源短缺所致，还有历史原因。改革开放之初，为了更好地通过高考选拔出优秀人才，也为了响应国家对人才建设的召唤，1978 年教育部颁布《关于办好一批重点中小学的试行方案》。到 1979 年年底，全国重点中学已有 5200 余所，在校学生约 520 万人。❶重点学校在历史上曾起到积极作用，但也遗留了不少问题。一些重点学校和城市学校在教学质量、师资力量和教育资源方面相对较好，吸引更多更好的生源，又因生源好、升学率高而得到更多的资源，而一些农村学校和薄弱学校面临资源短缺和质量不高的双重压力。特别是在农村地区和贫困地区，由于经济条件限制和地理环境等因素，教育资源相对匮乏，影响了学生接受优质教育的机会。为了解决这些问题，我国需要进一步加大教育投入，改革教育体制和办学模式，优化教育资源配置，注重学生全面发展，推进素质教育的实施，以促进基础教育的公平和质量提升。

6.3　增值评价牵引办学模式变革

从上述分析可以看出，市场化倾向、应试教育及发展不平衡等问题都属于结构形态上的问题，即办学导向功利化，导致应试教育依然难以根除；资源分配渠道和方式单一，导致学校间发展极为不平衡；学校类型单一、发展同质化，导致学校特色不明显。同时，立足社会发展需要，我们也可以看出，在运行机制上，适合素质教育发展和学生全面培养的教学方式、管理方式和评价方式还尚未全面形成，难以引导不同类型学校办出特色、高水平发展。破解难题，顺应发展，都需要增值评价的广泛应用。

---

❶ 顾明远. 世界教育大事典 [M]. 南京：江苏教育出版社，2000：1022.

6.3.1 增值评价在四类评价中具有独特地位

增值评价在四种评价中，起源最晚，最需要方法技术加持。因此，随着统计技术和相应软件的发展，这一评价方法也逐步得到推广和实施，并在牵引办学模式变革中发挥重要作用。

1. 从概念看独特性

结果评价是以预设的教育目标为基准，对评价对象达成目标的程度，也就是最终学习结果、所取得的成绩或成就进行价值判断，通常表现为对学生学习成绩的评定，作为学生具备某种能力、获得某种资格、达到某种水平的证明。❶ 这种评价模式主要以量化评价方式对学生的学习成绩进行测验，以了解学生的学习情况，并为进一步学习提供反馈信息。过程评价又叫形成性评价，是对教育过程中的教师、学生、教育活动等要素的表现与效果做出及时判断，具有针对性、实效性与动态性，旨在了解与判断教育的实然状况与发展态势，及时发现其中的成绩与问题，调节、规范教育活动的设计与进程，保证教育的整体质量提升。❷反馈是过程评价的重要特点，也是过程评价发挥作用的重要机制。它与结果评价是相互对立相辅相成的一对评价关系。综合评价是一种关照被评价对象全方位的思维角度。从评价内容来看，综合评价将引导各级各类学校把提高学生综合素质真正落到实处；从评价主体来看，综合评价鼓励多方评价主体的参与。❸结合前文谈到的增值评价的概念，我们可以看出，它们都是教育评价的一种类型，帮助教育者了解学生的学习状况、识别问题和改进教学实践。但也存在明显差异，即增值评价强调学生的成长和进步，关注学生在教育过程中的发展；结果评价关注学生在特定时点的学习成果；过程评价关注学生在学习过程中的参与和表现；综合评价综合考虑

---

❶ 朱立明，宋乃庆，罗琳，等. 新时代教育评价改革的思考 [J]. 中国考试，2020，341（9）：15-19.

❷ 同❶。

❸ 周光礼，袁晓萍. 聚焦"四个评价"深化教育评价机制改革 [J]. 中国考试，2020（8）：1-5.

多个方面的评价指标。过程评价通过及时反馈更关注学生的学习策略和学习状态，综合评价旨在弥补结果评价知识技能偏向，更加强调对学生综合能力、核心素养发展的关注。增值评价和结果评价一样，强调学生的学业成绩和对知识掌握的强度，但反映的是学校和教师在学生一段时间内成绩变化的净效应，对学校的办学行为和教师的教学行为具有重要影响作用。

2. 从目的看独特性

结果评价是在学生学习一段时间后进行的评价，目的在于检测学生的学业成绩是否达到各学科的学习目标与要求，以了解学生学习的最终效果。[1] 过程评价强调"评价最重要的目的不是证明，而是改进"[2]，凸显了评价的发展性价值。目的在于帮助教师在实践中切实关注学生学习过程的分析与改进，将评价的发展性功能落到实处。综合评价不仅关注学生对特定学习内容或任务所获得的结论，还要关注学生解决问题的过程与策略及其背后所具备的素养和能力，目的是促进学生全面发展。而增值评价的目的是评估学生、学校或教育项目在一定时间内的增值或进步情况，也可以用来比较某一所学校的学生在某一段时间内与另一所学校相似学生群体相比，所取得的相对进步情况，着重于衡量学生在教育过程中所取得的成长和进步，而不仅仅关注学生的初始水平或最终成果。由此我们可以看出，过程评价、综合评价和增值评价分别从不同侧面对结果评价的不足进行了补充和纠正。过程评价摆脱结果评价的时间固化思维，以动态性视角追踪被评价对象（学校、学生、教师、教育活动、教育政策等）的发展全过程，是一种全周期、多角度、改进反馈性的评价思维。综合评价摆脱结果评价的内容因脱离活生生的现实生活而变得虚假化和人为化，综合评价的内容包含了学生校内外生活所需要的一切素

---

❶ 刘学智，田雪 . 新时代基础教育评价改革的路向转变 [J]. 中国考试，2020（8）：16-19，56.

❷ STUFFLEBEAM D L. The CIPP Model for Evaluation [G]. //In STUFFLEBEAM D L，MADAUS G F，KELLAGHAN T. Evaluation Models：Viewpoints on Educational and Human Services（2nd edition）. Boston/Dordrecht/London：Kluwer Academic Publishers，2000：283.

质和能力的考察。增值评价的目的在于提升学校办学效益、改进教师教学效能，更好地为学生发展服务。在一所学校中，增值评价以一段时间内学生在原有水平上的相对进步程度为考查目标；在不同学校间，增值评价以一段时间内该校学生与其他学校学生在原有水平上的相对进步程度为考查目标，改变了已有基础教育领域以学生测评成绩和学校升学率作为衡量学校办学与教师教学依据的局面，不仅提高了评价的科学性，而且更有效地发挥评价的正向牵引作用，引导学校和教师的办学注意力更加聚焦在学生的全面发展上，更加关注全体学生的进步程度，而不是为了追求升学率将有限的资源集中在学业测评成绩高的前 20% 的学生身上。

3. 从作用看独特性

结果评价通过作业完成情况、学期测验、毕业水平考试及中高考评估学生在特定时间点上的表现，来确定学生的学习水平和知识掌握程度。而过程评价更加关注教学实践过程中的因素，其实施的策略更多，除了单元测验、平时测验和当堂检测等各种大小测验之外，还有分享学习期望、提问、讨论、反馈、自我评价、同伴评价等策略，通过使用这些策略可以引导教与学的过程，使教师和学生知道学习者现在哪里（通过提问、讨论、自我评价和同伴评价）、将朝哪里前进（通过分享学习期望），以及如何抵达那里（通过讨论和反馈）。❶综合评价的基本方法和形式是档案袋评价。所谓"档案袋评价"（portfolios assessment），是把学生的真实学习经历及相应的典型的、富有代表性的各类作品或其他材料作为证据，以对学生的学习和个性发展状况作出判断并加以改进的过程。❷它的最大作用是能够综合考虑多个方面的评价指标，包括学术成绩、综合素质、学习态度、社交能力等，以全面评估学生的发展。

---

❶ BLACK P，WILIAM D. Developing the Theory of Formative Assessment [J]. Educational Assessment, Evaluation and Accountability，2009（21）.

❷ PINAR W F，IRWIN R L. Curriculum in a New Key：The Collected Works of Ted TAoki [M]. New Jersey：Lawrence Erlbaum Associates，Inc.，2005：143.

它超越了仅仅关注学业成绩的范畴，更加注重培养学生的综合能力和全面发展，其结果可以为学生的终身学习和职业发展提供参考。比较而言，我们看增值评价与这些方法的共同之处在于，它们都旨在提供反馈和指导，帮助学生、教师和教育机构了解学习状况、识别问题和改进教学实践；它们都用于评估学生的学习和发展，以了解学生在学业成绩、综合素质、学习过程等方面的表现；通过这些评价方法的结果，教育者可以识别问题、改进教学实践，为学生提供更好的学习支持和教育体验。但不同之处也很明显，主要表现在以下几个方面：第一，评估的对象和重点不同。结果评价关注学生在特定时间的学习成果；过程评价关注学生在学习过程中的参与和表现；综合评价会综合考虑多个方面的评价指标；增值评价侧重于学生在教育过程中的成长和进步及这些成长和进步与学校、教师的关系是否密切，其结果对教育决策具有很重要的参考价值。例如，"从区域基础教育发展层面来讲，运用增值评价评估学校效能，不但有助于建立科学而公正的学校效能评价与监控体系，而且有助于教育行政部门更加客观而准确地评估学校效能，更加有效地进行相关的教育决策，更加合理地进行教育投入。同时通过对教育增值的分析，可以得出影响学校效能的重要特征变量，从而为区域教育改革提供依据和参照，促进教育均衡发展。学校效能评价也就能为改进学校工作、提高学校效能、促使学生全面发展提供基本依据，也就能为政府和教育行政部门的教育决策提出些许可行性建议"❶。第二，时间跨度和时机不同。过程评价更关注学习过程中的参与和表现；综合评价可以综合考虑不同评价方法的结果；增值评价和结果评价可以涵盖一段时间的学习成绩和发展情况，为政府、学校、教师、学生阶段性总结并分配和计划下一阶段任务具有很强的指导作用。例如，"从学校层面讲，增值评价使学校之间的比较相对变得公平合理，从而使学校把工作重心放在关注学生的进步与学校的长远发展而非放在起点上，放

---

❶ 边玉芳，林志红. 增值评价：一种绿色升学率理念下的学校评价模式 [J]. 北京师范大学学报（社会科学版），2007（6）：11-18.

在'好生源'的争抢上。增值方法还可以为学校提供详尽或概括的数据，得出有关学校教育教学的各种有用信息，发展学校的特色。通过增值对学校的效能做出评价，还可以进一步分析影响学校效能的因素，准确地发现效能不理想的学校存在的问题，并能有效地去帮助其改善工作。❶"第三，强调的方面不同。过程评价更关注学生的学习策略、解决问题的能力、合作能力等方面的表现；综合评价则综合考虑多个方面的评价指标；增值评价和结果评价主要关注学生的学业成绩和知识掌握。这一点的不同，也没有什么独特之处，恰恰是需要在广泛使用增值评价实践中不断补充和完善的地方。只有扩充增值评价的范围，才能从过分看重生源转向更注重学生的培养，从过分看重结果转向更注重教育的过程，从而更好地促进学生全面发展。国外有学者认为："增值评价作为学生发展的测量方法，是比考试结果更好的指示器，能更好地测出学生的潜能，引导学生发展。"❷

6.3.2 增值评价牵引办学模式变革的丰富案例

增值评价兴起于美国并撼动了美国传统的评价体系，随后广泛传播于世界各地，形成了非常丰富的实践案例。我国的增值评价起步较晚，同时，增值评价依赖教育测量学和统计学的分析方法，由于相关方法的滞后，导致其本身的应用也存在着一定的误差和局限。

1. 美国田纳西州的增值评价系统（TVAAS）❸

TVAAS 是一种通过对学生的成绩进行连续多年追踪分析来评估学区、学校、教师效能的系统。在 TVAAS 中，3~12 年级的每个学生都要参加一系列

---

❶ 边玉芳，林志红. 增值评价：一种绿色升学率理念下的学校评价模式 [J]. 北京师范大学学报（社会科学版），2007（6）：11-18.

❷ ANDREWS T. Student Improvement Better Indicator Than Exam Results [J]. Education（UK），2006（205）：2-2.

❸ 周燕，边玉芳. 美国 TVAAS 的解读及其对我国教育评价的启示 [J]. 全球教育展望，2012（3）：51-55.

的测试，如语言、数学、科学等；然后该系统采用增值评价方法分析每个学生学业的进步情况，并依此评估各区、各校、各教师对学生学业进步的贡献大小。TVAAS 最初是由威廉·桑德斯等人发展起来，他们于 1984 年发表了一篇通过使用学生连续四年的学习成绩计算出来的三次增值分（学生今年的分数减去去年的分数）评价学校和教师效能的文章。该文章不仅可以充分利用学生多年的成绩估计学生的学业进步，而且可以在排除了不受学校、教师控制的变量对学生学业造成的影响之后对学校、教师效能进行比较稳健的估计。也就是说，不一定重点校的教师效能就高，非重点校的教师效能就低。1989 年，在田纳西州，由于一些规模较小的学区开始反对以往的教育评价模式，并认为根据田纳西州宪法，保证每个学生拥有平等的受教育机会是田纳西州政府的责任和义务，但是，只以学生一年的学习成绩作为评价标准对那些生源较差的教师、学校或学区不公平。因此，这些规模较小的学区开始呼吁一种新的教育评价模式的产生。经过两年多的激烈讨论，1992 年 3 月，田纳西州州长内德·麦克洪特（Ned Mecherter）在新颁布的《教育促进法案》（*Education Improvement Act*）中正式将桑德斯模型纳入教育问责体系中，并将该模型正式命名为田纳西州增值评价系统。❶至此，增值评价才开始被大家所熟知，并在理论界引起了热烈讨论。在过去 20 年，TVAAS 一直致力于分析学校、教师对学生成绩进步的作用，倡导一种新的教育评价理念，为田纳西州乃至世界的教育作出积极的贡献。第一，TVAAS 可以为教育决策者提供大量的诊断信息，有利于促进过程评价的开展与实施。第二，TVAAS 的实施提高了田纳西州的教育水平。公立学校校长委员会（Council of Chief State School Offers）的报告显示，田纳西州学生在数学和科学成绩上 8% 的增长与 TVAAS 的实施有关，而且自从 1992 年 TVAAS 在田纳西州实施以来，田纳西

---

❶ WILLIAM L S, SANDRA P H. Research Findings from the Tennessee Value—Added Assessment System（TVAAS）Database：Implications for Educational Evaluation and Research [J]. Journal of Personnel Evaluation in Education，1998，12（3）：247-256.

州是全国少数几个在国家教育进步评估中学生成绩得到增长的州之一。❶同时，史蒂芬·罗斯（Steven M. Ross）等人对比了孟菲斯市采用 TVAAS 和不采用 TVAAS 的学校从 1995—1999 年学生成绩增长情况，发现采用 TVAAS 的学校学生的增值分高于那些没有采用 TVAAS 的学校。❷随着时间的推移，TVAAS 发展得越来越完善，并于 2010 年帮助田纳西州在竞争激烈的"迈向顶峰"（Race to the Top，RTTT）申请中脱颖而出，破格获得了 5 亿多美元的资助。美国教育消费者基金会主席 J. E. 斯通（J. E. Stone）针对田纳西州申请成功的教育改革方案（First to the Top，FTTT）进行了精要的总结，认为田纳西州抓住了教育的精髓——提高学生的知识和技能，将学生学业的进步作为教育的首要目标。❸

2. 英国学校增值评价模式的介绍 ❹

20 世纪 80 年代，英国政府使用学生升学考试的原始成绩来评价学校教育的质量，引起了广泛的批评和争论。随后，基于对依据学生升学考试的原始分数评价学校教育质量的弊端的认识，英国在 1992 年提出了"学校增值评价"理念，并于 2002 年在英格兰和威尔士推行了这种评价模式，其间英国还在其他地区进行了试点。2004 年 10 月，研究者开始使用多元模型（contextualized value added model）对学校的教育结果进行增值研究。多元模型是基于统计学中的回归方法及在回归方法基础上的多水平分层技术建构的，并最终于 2006 年，在全国范围内推行了学校增值评价模式。"以增值指标来评价学校的教育

---

❶ William Sanders. The Tennessee Value—Added Assessment System [EB/OL].（2011-03-10）[2023-07-13]. http：//www.shear on for schools.com/TVA.AS_index.html.

❷ STEVEN M R，L WEIPING WANG W，ALBERG M，et al. Fourth—Year Achievement Results on the Tennessee Value—Added Assessment System for Restructuring Schools in Memphis：Meeting of the American Educational Research Association [M]. Seat-tle：2001.

❸ Stone J E. Policy Highlights Tenness Race to the Top Ap-plication [M]. Arlington：Education Consumers Foundation，2010.

❹ 任玉丹. 英国学校增值评价模式对推进我国教育公平的启示 [J]. 教育探索，2011（5）：152-154.

质量在英国已经实施多年，增值评价的最大优点是充分考虑了学生能力、家庭因素及学校因素，通过统计学方法将学校因素从影响学生学习结果的诸多因素中分离出来，实现了对学校教育结果的"净"影响的评价。这种评价方法能够科学合理地反映每一个学校的教育结果，有利于学校内和学校间的资源配置。英国通过推行增值评价，有效地遏制了学校间对于生源的争夺，提升了生源较差学校的信心，促进了学校间的均衡发展，进而推进了教育结果公平的实现。"❶

3.浙江金华的增值评价研究案例

边玉芳团队以浙江省金华市 39 所高中学校 2006 年参加高考的 15 649 名考生作为样本，因变量分别为 39 所学校 2006 年学生的文、理科高考总成绩及语文、数学、英语和综合各门学科成绩。高考总成绩根据文、理考生的各科成绩分别进行标准化，合成总分标准分。实证研究发现："学生的学业成绩是学生自身因素和学校因素等多种因素的产物，学生的自身因素尤其是中考成绩对学生高考总成绩的差距有重要影响；在提高学生学业成绩进步程度上，不同学校之间存在差异，但这种差异不能简单归因于学校的作用，是多种因素综合作用的结果；运用增值评价方法评价学校的结果与只用学生高考分数评价学校的结果存在差异；不同区域和不同类型学校的效能存在较大差异。因此，这一实证研究结果进一步证明了以单纯的学校升学率来评价学校是有失公正、公平的，而增值评价从另一个视角看待学校的作用，是学校评价的一种有益的补充，应该作为学校评价的重要组成部分。鉴于以上分析和阐述，边玉芳团队建议教育行政部门尽快运用增值评价，把它作为评价学校的另一把尺子；建议学校重视增值评价的结果，客观评价和反思自己学校在增进学生学业进步乃至其他方面发展中的作用，在厘清学校责任的基础上厘清学校改

---

❶ 任玉丹.英国学校增值评价模式对推进我国教育公平的启示 [J]. 教育探索，2011（5）：152-154.

进的思路，促进学生和学校的全面发展。"❶ 可以预见，增值评价这一新的学校评价模式能对促进教育优质、均衡发展，实现教育公平起到积极的促进作用。

6.3.3 牵引办学模式变革的增值评价

当前，针对办学模式存在的问题，以增值评价牵引办学模式变革的意义就更加重要。

1. 充分认识增值评价与办学模式的密切关系

在最基本的层次上看，增值评价是指对学生的学习成果和发展进行评估，并将其与教育的起始点进行比较，以衡量学生在学业上的进步。办学模式则是指学校或教育机构在组织和提供教育服务方面采取的方式和方法。在这个层次上，增值评价与办学模式之间的关系可以理解为办学模式对学生的学习成果和发展有直接影响，而增值评价则是对办学模式的效果进行评估的手段之一。从更深的层次上看，增值评价和办学模式之间存在着相互促进的关系。一方面，办学模式的选择和实施可以为增值评价提供有力支持。例如，如果学校采用了个性化教学模式，通过针对学生的不同需求和能力提供差异化的教学，那么增值评价可以通过比较学生在不同教学模式下的学习进步，评估出这种个性化教学对学生的积极影响。另一方面，增值评价也可以为办学模式的改进和优化提供反馈和指导。通过增值评价的结果，学校可以了解到不同办学模式下学生的学习效果，进而调整和改进自己的办学方式，以提供更好的教育质量和学生发展。此外，增值评价和办学模式之间的关系还体现在相互促进的动态循环中。增值评价可以为办学模式的选择和优化提供依据和指导，而办学模式的实施和改进又可以为增值评价提供更多的数据和材料。在这个循环中，增值评价和办学模式相互作用，逐渐推动教育的不断进步和

---

❶ 边玉芳，林志红.增值评价：一种绿色升学率理念下的学校评价模式 [J]. 北京师范大学学报（社会科学版），2007（6）：11-18.

发展。最后，需要强调的是，增值评价和办学模式之间的关系是复杂而多样的。随着教育领域的实践和研究不断探索和发展，不同的国家、机构和学校可能在办学模式和增值评价方面有着不同的理解和实践。因此，我们需要在实践中不断探索和总结，不断完善增值评价和办学模式之间的关系，以促进学生的全面发展和教育的可持续进步。

2. 丰富增值评价理论

增值评价旨在衡量学生或学校在学业上所取得的增值，即在一段时间内所获得的进步。其主要包括效能理论、效果评价、学习成长模型和价值增长模型。效能理论认为，学生的学业成就与他们对自己能力的信念密切相关。效果评价关注教育干预措施对学生学业成果的影响，通过比较学生在不同时间点的学业表现，识别教学过程中的改进措施，评估教育政策和实践的有效性。学业成长模型强调学生的学习进程和个体差异，并将学生的学业成就与其过去的学业表现进行比较。价值增长模型是增值评价的具体统计模型，通过统计方法，比较学生在不同时间点的学业成绩，控制其他影响因素（如学生背景特征），从而确定学生或学校在学业上的增值。这种模型可以评估教学质量、比较学校绩效和识别学生的个体差异。但这些理论比较的基点都是学生的学业成绩。因此，要发挥增值评价对学生全面发展的追踪思想，并将其成果用于引导学校实施依法、科学办学，必须转变理念，实施多元化评价指标，即其评价指标不仅仅局限于学生成绩，还应包括学生的综合素质、社交能力、创造力等方面。将评价对象从仅仅关注学生扩展到学校、教师和教育项目，从而全面衡量学生和教育实践的增值效果。同时，引入综合评价方法，如学科考试、项目作业、实践表现、学生自评、同伴评价等，来获得全面的评价结果。通过综合不同评价方法的数据，综合考虑学生的学业成绩、综合素质、学习态度等，实现更全面的增值评价。同时，要建立一个鼓励合作和共享的评价文化，让教育者、学生和家长都能够参与到评价过程中。通过建立积极的评价氛围和有效的反馈机制，鼓励教育者和学生共同努力，共同关注学生的全时段成长和全面发展。

3. 完善学业考试制度

增值评价所评价的是学生一段时间内的进步程度，其纵向比较基点是学生的成绩。这个成绩理想状态是反映学生全面发展的成绩，而不仅仅是学业成绩。毋庸置疑，学生的学业成绩是其中最为重要的部分。"我国目前主要采用标准化测试，通过考试的方式评价学生对学习内容的掌握，无论是中考还是高考，都是对学生一个阶段学业成绩的量化判断，以知识考查为主，缺少对情境与真实性任务的考查，以所得成绩来推断学生的能力与水平，导致结果评价中出现'考什么教什么，教什么学什么'的现象，很多内容只有'是什么'的描述，缺少'为什么'的思考，这样的结果评价亟待改进。"● 因此，增值评价的广泛实施，首先需要获取信息的测评工具与课程标准保持一致。"运用测试工具对学生进行测试获得评价的原始数据后，还需要根据评价目的，运用教育测量方法对数据进行分析，这样才能获得最终的评价信息。"● 当前，"对总结性评价进行丰富和扩展，也是当前欧盟各国应对评价问题的一种重要思路。主要的做法有丰富标准化测验的题目形式，如增加开放性问题或面向态度的调查性问题，将表现性评价方法（如档案袋评价、基于项目的评价、展示、面谈等）用于总结性评价等"❸。

4. 构建多元增值评价体系

确定全面发展的评价指标和标准是一个复杂的任务。从学生全面发展看，如何综合考虑学业成绩、综合素质、社会参与等多个方面的评价指标，并确立相应的评价标准，需要进行大量的研究和讨论。我们可以在改进学业考试

● 朱立明，宋乃庆，罗琳，等. 新时代教育评价改革的思考 [J]. 中国考试，2020，341（9）：15-19.
❷ 赵德成. 教学中的形成性评价：是什么及如何推进 [J]. 教育科学研究，2013（3）：47-51.
❸ 赵德成. 教学中的形成性评价：是什么及如何推进 [J]. 教育科学研究，2013（3）：47-51.

的同时，通过项目作业、实践活动、小组讨论等方式评价学生在综合素质和能力方面的发展，包括思维能力、创新能力、沟通能力、合作能力等；通过实际参与和实践项目的成果来评估学生的实践经验，包括实习实训、社会实践、实践技能等；通过创新项目的成果和评审来评估学生的创新能力，包括科研项目、创新设计、科技竞赛等；通过社会服务记录和社会评价来评估学生的社会责任感和公民素养，包括社会参与、公益活动、社团组织等；通过学习日志、学习报告和自主学习项目的成果来评估学生的自主学习能力，包括学习计划、学习方法、自主学习成果等。然后对学生一段时间的起始阶段和结束阶段进行上述几方面的测试，并分别折合成两个总数，通过比较就能够得出学生在一段时间内的净增长及各个方面的进步情况。

5. 明确以增值评价推动学校特色发展的步骤方法

从学校特色发展看，增值评价如何引导学校走适合自己发展道路的办学模式，需要确定评价指标、收集评价数据、进行评价分析、比较对比、制订改进计划、实施改进措施，并进行反馈和持续改进。一是确定特色领域的评价指标，这些指标应该既能够全面反映学校在特色领域的发展情况，又包括学生的学业成绩、专业技能、创新能力、团队合作能力等方面。二是收集各类评价数据，包括学生的考试成绩、课程项目的成果、特色活动的参与情况等。这些数据可以通过学校内部的评价系统、学生档案记录、评估任务等方式收集。三是对收集到的评价数据进行分析和解读。可以采用统计分析、定性分析、案例研究等方法，探索学校在特色领域的优势和不足之处，找出问题所在，为改进提供依据。四是将学校在特色领域的评价结果与其他学校、行业标准或指标进行对比。这可以帮助学校了解自身在特色发展方面的位置和水平，并找到改进的方向和目标。五是基于评价分析和比较对比的结果，制订特色发展的改进计划。明确改进的目标和策略，包括师资培训、教学资源投入、特色活动丰富度等方面的措施。六是根据制订的改进计划，落实各项改进措施。包括加强师资培训、优化教学设计、拓宽特色活动的范围和质量等。同时，建立监测和评估机制，跟踪改进效果。七是及时反馈评价结果和改进措施的效果，并进行持续改进。通过反馈结果，调整和优化特色发展的策略和方法，不断提升学校在特色领域的发展水平。

6. 充分利用数字技术提高增值评价的全面性、准确性和可操作性

以往的增值评价受限于信息获取的手段和渠道，在时间、空间和人力资源上存在着局限性，导致无法获得评价对象的全面数据。通过数字技术，可以将来自多个渠道和系统的数据进行整合，包括结构化数据（如数据库、表格）和非结构化数据（如文本、图像、音频），以获得更全面的信息。同时，通过数字技术，可以将不同的指标和维度结合起来，形成更全面的评价指标体系，以便更全面地评估评价对象的综合能力；以往增值评价可能只是基于一段时间内的数据进行评估，无法反映评价对象的实时变化。通过数字技术，可以使用传感器、监测设备等实时采集数据的工具，对评价对象进行持续监测，获得实时的数据和指标，使评价更加及时和准确。同时，通过数字技术中的机器学习、数据挖掘和人工智能技术，可以自动处理和分析大规模数据，识别出隐藏的模式、趋势和关联，使难以操作的增值评价更具可行性。

7. 提高政府应用增值评价的意识和能力

我国基础教育公办学校比重大，公办学校内部的办学模式改革及特色化发展，必须依靠各级政府部门转变观念，重视增值评价在提高教育质量、促进学校特色发展中的积极作用，积极作为。同时，从导向上看，增值评价的魅力在于评价不仅关注结果，更关注努力程度，对从根本上解决学校掐尖抢生源、家长盲目择校、扭转教育生态，在全社会树立科学的教育发展观和评价观至关重要。因此，要用好增值评价，政府是关键，必须提高政府部门应用增值评价的意识和能力。首先，政府要搭建增值评价的基本标准和提供准确可比的基础数据。一方面，政府需要明确制定学校增值评价的基本标准，

包括教学质量、学生发展、教育资源等方面的要求。这些标准应该是具体、可衡量和可操作的，以确保评价的准确性和公正性。另一方面，政府应该加强对基础数据的质量和可靠性管理，包括加强数据的核实和验证，确保数据的准确性和可比性。同时，建立相应的数据质量评估机制，及时发现和纠正数据质量问题。其次，政府要重视增值评价结果的应用与反馈。评价结果的应用和反馈对于评价的有效性和可持续性至关重要。因此，评价结果应作为学校和教师改进教学和提升教育质量的参考，而不是简单地用来排名和比较。通过增值评价，鼓励学校和教师关注学生的全面发展，提供多样化的教育资源和机会。最后，政府要重视利用增值评价结果合理分配资源。增值评价有助于检查评估不仅看其最终成绩，还可以关注其进步程度，在资源分配上，帮助政府不仅按最终成绩分配，还可以适度向按进步程度分配资源倾斜，更好地解决农村地区、贫困地区和薄弱学校资源不足问题，确保他们能够获得足够的教育支持。

8. 树立全社会的科学教育理念

增值评价要倡导全面发展的教育理念和教育体制的转变。这需要教育行政部门、教育机构、教师和家长等多方面的共同努力，推动教育观念的转变和教育体制的改革。首先，增值评价应该注重教师的专业发展和提升，鼓励教师不断提升教学能力和教育理念。提供教师培训和专业发展机会，帮助他们不断更新教学方法和教育观念，提高教学质量。其次，增值评价应该鼓励学生的自主发展和兴趣培养，避免过度应试教育的倾向。通过评价结果，给予学生积极的激励和支持，让他们能够发展自己的特长和兴趣，并全面发展各个方面的能力。最后，增值评价还需要家校合作，在评价过程中家长起到积极地参与和支持作用。学校应与家长密切沟通，共同关注学生的成长和发展，形成家校合力，共同推动学校办学模式改革。所以，在全社会树立科学的教育理念可以为增值评价的推广提供理论和实践的支持。一是树立多元评价理念。教育评价应该采用多种评价方法和工具，包括考试评价、作业评价、实践评价、项目评价等。增值评价应该综合考虑学生的各方面表现，避免单一评价指标导致的片面性。二是树立持续改进理念。教育评价应该为学校和学生提供改进的方向和指导。增值评价应该强调持续的反馈和改进机制，帮助学校和学生不断提升自身的发展水平。三是树立公正公平理念。教育评价应该公正、公平地对待每一个学生和每一所学校，避免评价结果对学生和学校的歧视和偏见。四是树立教育协同理念。教育评价应该促进学校、家庭和社会的协同合作，共同关注学生的发展和成长。

第7章 发展第三方评价，
牵引教育管理体制变革

长期以来，我国政府在教育评价中占主导地位，学校、学生、家长、社会、企业、行业、第三方评价等外部评价主体的主动性未被充分调动。为此，"学者们普遍提出要健全综合评价的任务，建立有多方参与的、行政调控与市场导向结合的教育评价体系，其背后的逻辑是教育评价的参与范式由管理走向协商"❶，其关键环节是第三方评价的开展及第三方评价机构的培育。2020年，《总体方案》提出："构建政府、学校、社会等多元参与的评价，建立健全教育督导部门统一负责的教育评价监测机制，发挥专业机构和社会组织作用。"强调构建政府、学校、社会等多元参与的评价体系，培育和完善专业的第三方评价机构，推动政府教育基本公共服务方式由原先的学位提供、教材提供、经费保障向质量监测、发展性评价、教育认证转型 ❷，这是实现以教育评价改革牵引管理体制变革的途径之一。

7.1 第三方评价及其在我国的发展

最早的第三方评价可以追溯到15世纪的欧洲。当时，第三方评价并非用

---

❶ 赵德成. 教学中的形成性评价：是什么及如何推进 [J]. 教育科学研究，2013（3）：47-51.

❷ 课题组. 构建科学的符合时代要求的教育评价制度——习近平总书记关于教育的重要论述学习研究之七 [J]. 教育研究，2022（7）：4-16.

于教育评价，而是为了保证产品的质量而提出和实施的。后来，第三方评价又被广泛运用到其他领域，如医药行业、政府绩效评价、教育评价等。❶ 从世界范围来看，第三方评价真正蓬勃发展始于 20 世纪 70 年代西方新公共管理运动之后。新公共管理理论倡导公共管理主体多元，其行动标签之一便是公共服务社会化、市场化和民主导向，将市场竞争机制引入公共服务领域，以提升绩效和管理效能。"时至今日，开展独立的第三方评价已经成为世界政府部门与社会行业评价的一种理论共鸣和实践共识。"❷ 在我国，第三方评价产生于政府绩效管理实践，并非一个严格意义上的学术概念。❸ 从实践上看，自 20 世纪 80 年代第三方评价率先在我国高等教育和职业教育领域得到重视。

7.1.1 第三方评价的概念界定

关于何为"第三方"，学界大致有三种代表性的观点❹：第一种观点认为，第三方是独立于第一方和第二方之外的一方，第一方是教育举办者，第二方是接受教育者（学生），第三方则独立于前两者之外的一方，包括教育主管部门、行业组织和企业等；第二种观点认为，"第三方是与评价对象无隶属关系，但有利益关系的一方"。此外，第一种观点与第二种观点的区别还在于对"第二方"的认定上，前者认为第二方是受教育者（学生），后者认为第二方则是教育管理部门。第三种观点则认为第三方与第一方和第二方既没有隶属关系，也没有利害关系的一方。"上述三种观点逐步限定，第一种观点可称为'广义上的第三方'，其中，还包含着隶属关系问题（教育举办者之于教育主管部门），而第两种观点则排除了'隶属关系'，第三种观点则在第二种观点基础上作了

---

❶ 冯虹，刘国飞.第三方教育评价及其实施策略 [J].教育科学研究，2016（3）：43-47.

❷ 袁强.第三方评价运行机制与实践规制的理性建构 [J].中国教育学刊，2016（11）：33-38.

❸ 马亮.第三方评价提升政府绩效的理论框架与研究展望 [J].江苏师范大学学报（哲学社会科学版），2018，44（2）：68-78.

❹ 陆春阳.让第三方参与职业教育人才培养质量评价 [J].职业技术教育，2011（30）：64-65.

更进一步限定'无利害关系'，前两者可称广义上的第三方；第三种观点可称狭义上的第三方，就是区别于政策制定者和政策执行者的一方，既可受行政机构委托开展评价，也可独立开展评价，一般称为'独立第三方'。广义第三方评价则还包括行业协会、用人单位、毕业生及家长等。"❶ 本章所采取的是第三种狭义上的第三方概念。第三方评价通常包括独立第三方评价和委托第三方评价两种形式。独立的第三方评价指一般意义上的主动评价，如雅思、托福等专业考试评价机构组织的评价。委托第三方评价是接受委托的评价，以学术团体、新闻媒体、教育研究机构为主。❷

7.1.2　第三方评价的特点

第三方评价与学校自评和政府相关部门、机构的评价相比，具有自己独特的优势。正是由于第三方评价自身的特点，使得这种形式的评价受到社会公众的认可和欢迎。虽然业界关于第三方评价的定义尚未达成统一意见，但相关研究对第三方评价特征的描述却相对一致，主要体现为第三方评价的独立性、专业性、公正性、公开性、科学性、实效性、权威性等方面。其中，权重最高的是专业性、独立性，其次是公正性、科学性，其余指标的权重均较低。❸ 所谓独立性，即指第三方评价的主体一般是独立于被评价对象之外的，即第三方评价机构既不依赖于相关政府行政部门，又不依赖于被评学校；所谓专业性，即指第三方评价机构之所以能够在市场和社会上得到认可和赞誉，在很大程度上取决于其出色的专业化的评价理念、人才储备、技术支持和制度保障；所谓公正性，即指社会公众对第三方评价机构的认可和美誉是

---

❶ 张宏亮，赵学昌 . 我国职业教育质量第三方评价研究综述 [J]. 中国职业技术教育，2016（15）：31-36，47.

❷ 靳玉乐，李阳莉 . 在中小学综合素质评价中引入第三方评价的探讨 [J]. 当代教育科学，2014（8）.

❸ 尚虎平，孙静 . 失灵与矫治：我国政府绩效"第三方"评价的效能评价 [J]. 学术研究，2020（7）：50-59.

以其评价结果的客观、公正为支撑的。第三方评价的公正性表现于评价过程和评价结果两方面。❶

尽管当前比较一致的看法是将独立性作为第三方评价的本质特征，但独立性难以成为第三方评价区别于传统评价的核心特征。❷一方面，独立性实际上是评价职业道德规范的基本准则之一，所有评价都应该秉承独立性，与客观性、公正性等内在约束性特征一样。例如，国家科技评价中心明确提出，按照评价的行为规范和技术规范独立进行评价，不受来自外界的任何控制和影响❸；美国评价协会将正直和诚信作为五项指导原则之一，实际上也是要求评价人员秉持独立的道德准则，以保证整个评价过程的可靠和客观。❹另一方面，完全的独立性并不存在，即便是以独立性著称的美国智库在保持独立性上也面临多方面的挑战，如资金来源、"旋转门"机制、寻找"买主"及严格监管等因素导致智库独立性受到质疑。❺因此，在我国，传统评价主要包括自我评价与内部评价两种形式，第三方评价与这两者核心的区别并非评价的独立性，独立性已经内化为第三方评价的固有属性。"从第三方评价的政治内涵考察，专业性和公开性才是第三方评价区别于传统评价的核心特征。第三方评价的专业性体现在两个方面：一是评价人员的职业性，即保持独立、客观、公正的评价态度；二是评价过程的专业性，即具有科学、专业的评价能力和业务水平。"❻公开性主要是指通过建立评价公开制度，积极吸纳利益相关方的参与，并通过向社会公开评价过程和评价结果等方式，主动接受公众监督。❼

所以，我们认为，第三方教育评价是指由教育主管部门组织策划指导，

❶ 冯虹，刘国飞. 第三方教育评价及其实施策略 [J]. 教育科学研究，2016（3）：43-47.

❷ 程燕林，张娓. 第三方评价在中国：特征、类型与发展策略 [J]. 中国科技论坛，2022（9）：139-146.

❸ 国家科技评价中心. 科技评价规范 [M]. 北京：中国物价出版社，2001.

❹ AEA. Guiding principles for evaluators[EB/OL].（2004-07-01）[2021-06-02]. http://www.eval.org/p/cm/ld/fid=51.

❺ 蒋来用. 中美智库独立性考察与思考 [N]. 中国社会科学学报，2017-07-06（2）.

❻ 徐双敏，陈尉. "第三方"评价政府绩效的制度环境分析 [J]. 学习与实践，2013（9）：22-26.

❼ 王晶晶. 民间第三方教育评价机构公信力的构建 [J]. 中国教育学刊，2016（1）：45-49.

并以独立于政府和学校之外的社会中介组织为操作主体，对学校的办学资格和教育教学水平等进行评价的活动。它是教育质量评价形式中的一种，具有专业性、公开性及独立性等特点，能够有效协调政府、学校和社会的关系，弥补当前教育行政部门开展的教育评价和学校内部评价的不足。

7.1.3　第三方评价在我国的应用与发展

第三方评价起源于西方，对我国教育评价来说是个舶来品。尽管我国第三方教育评价机构出现得较晚，其运行制度和体系等方面还有待完善，但第三方评价的思想起源及我国政府对第三方评价的意识和重视在 20 世纪 80 年代就已经出现了。最初是在学术界的理论讨论，后来被引入政府绩效管理中，以弥补政府自我评价的不足，对原有绩效评价体系加以补充。❶1990 年 10 月，国家教育委员会出台了《普通高等学校教育评价暂行规定》，这可以看作我国高等教育评价方面的第一个法规性文件。该规定鼓励学术机构、社会团体参加教育评价。1993 年我国政府颁布了《中国教育改革和发展纲要》。该文件提出：高等教育要采取领导、专家和用人部门相结合的办法，通过多种形式进行质量评价和检查。"20 世纪 90 年代，随着政府职能转变和学校办学自主权的扩大，我国出现了一些半官方的事业性中介评价机构。其中，最为典型的就是 1996 年在上海成立的高等教育评价事务所（后在 2000 年改名为'上海市教育评价院'）。其后，1997 年成立了江苏省教育评价院；1999 年成立了辽宁省教育评价事务所等。"❷

进入 21 世纪以来，我国政府出台的教育政策和文件中，对外部评价机制或第三方评价的重视程度日益加深。2002 年，教育部出台的《关于积极推进中小学评价与考试制度改革的通知》中首次提出探寻评价的主体、内容和方法的多样化。《国家中长期教育改革和发展规划纲要（2010—2020 年）》要求

❶ 陆明远.政府绩效评价中的第三方参与问题研究 [J].生产力研究，2008，23（15）：121-123.

❷ 章鸣.高等教育评估中"第三方评价"的历史与发展模式分析 [J].科技与管理，2008（3）.

各高校要"开展由政府、学校、家长及社会各方面参与的教育质量评价活动"❶。2013 年召开的党的十八届三中全会指出,要"加大政府购买公共服务力度""强化国家教育督导,委托社会组织开展教育评价监测"。《教育部关于推进中小学教育质量综合评价改革的意见》(2013)提出了要探索建立一种政府、社会组织和专业机构等共同参与的外部评价机制。2014 年国务院在各地政策落实情况督查工作中首次引入"第三方评价",民政部、财政部、科技部和发改委等部委积极响应,相继出台有关文件,积极培育、引导和规范"第三方评价"。时任国家行政学院党委书记的陈宝生指出:"今后第三方评价将会成为政府管理中的一个常态化的事情。第三方评价也将在中国逐步热闹起来、火热起来、发展起来。"❷ 教育部发布的"2014 年工作要点",在"将启动20 项新计划"中明确提出了"组织第三方开展教育现代化监测与满意度测评"。2015 年 5 月教育部出台了《关于深入推进教育管办评分离促进政府职能转变的若干意见》(教政法〔2015〕5 号)。该《意见》提出:支持专业机构和社会组织规范开展教育评价。2015 年《中华人民共和国高等教育法》(以下简称《高等教育法》)的修订,将"组织专家或者委托第三方专业机构对高等学校的办学水平、效益和教育质量进行评价"纳入法律范畴。2017 年,教育部等部门联合发布的《关于深化高等教育领域简政放权放管结合优化服务改革的若干意见》进一步强调,要通过第三方评价等措施加强事中事后监管。"通过对 20世纪 80 年代以来我国政府出台的教育政策和文件对教育外部评价或第三方评价思想和意识的梳理和澄清,我们可以看出,国家对教育第三方评价的认识越来越明确,支持力度越来越大。这不仅促进了第三方教育评价机构的发展,也意味着第三方评价的广泛应用将是大势所趋。"❸

---

❶ 姚春艳 . "第三方"模式是教育评价的必然趋势 [J]. 湖北教育(综合资讯),2014(2).

❷ 王洋 . 如何让"第三方评价"发挥威力 [N/OL]. 中华工商时报,(2015-03-06)[2023-07-18]. http://news.hexun.com/ 2015-03-06/173782163.html.

❸ 冯虹,刘国飞 . 第三方教育评价及其实施策略 [J]. 教育科学研究,2016(3):43-47.

通过长期不懈的努力，第三方评价在高等教育和职业教育已取得较大进展。例如，我国已经构建了较为完善的高等教育第三方评价体系，主要包括两类：一是政府主导的评价机构，也称半官方评价机构，如教育部学位与研究生教育发展中心（以下简称"学位中心"）、江苏省教育评价院、上海市教育评价院等；二是民间评价机构，如 21 世纪教育研究院、中国校友网、中国大学评价课题组等。❶我国高等教育第三方评价工作取得了较大进展，并在解决如"政府控制过多造成的'政府失灵'所引发的模式与标准单一笼统、官僚主义与形式主义严重、'裁判员'（政府）与'运动员'（高校）连体效应等"方面发挥了关键作用。❷

但相比之下，基础教育阶段长期囿于教育系统内部的行政性评价，处于多方管理、整体稳序、步履缓慢的状态。因此，探析第三方评价的制度发展，建构和完善其运行机制，并根据现实需求加以合理规制与提升，无疑将有助于推进我国基础教育第三方评价改革的深入。

7.2　现行管理体制及其改革难点

孙绵涛教授指出，教育体制是教育机构和教育规范这两个要素的结合体，教育机构包括教育实施机构和教育管理机构。教育实施机构主要是指各级各类学校，教育管理机构主要包括各级各类教育行政机构和各级各类学校内部的管理机构。教育规范是指建立并维持教育机构正常运转的制度。而学校教育机构与一定的规范相结合就形成了各级各类学校教育体制，简称办学体制；教育管理机构与一定的规范相结合就形成了各级各类教育管理体制，其中教育行政机构与一定的规范相结合就形成了各级各类教育行政体制；学校内的

---

❶ 陈静 . 基于社会信任的研究生教育第三方评价机构公信力建设研究 [J]. 学位与研究生教育，2016（7）：25-29.

❷ 陈彬 . 论中国高等教育评价未来发展的五大走向 [J]. 教育研究与实验，2009（2）：45-49.

管理机构与一定的规范相结合，就形成了各级各类学校管理体制。❶ 本章我们的重点主要放在基础教育阶段的各级行政体制与学校内部管理体制上，主要涉及中央与地方政府、地方政府与学校在基础教育管理上的权力隶属与分配等内容。

7.2.1　当前我国关于基础教育管理体制的政策规定

"三级管理"是基础教育管理体制的一个主要特征。但其形成也并非一蹴而就，而是经历了一个发展变化的过程。1985 年国务院发布的《关于教育体制改革的决定》明确将基础教育的管理权交给地方政府，实行地方负责、分级管理，规定"除了大政方针和宏观规划由中央决定外，具体政策、制度、计划的制定和实施，以及对学校的领导、管理和检查的责任和权利都交给地方。省、市（地）、县、乡分级管理的职责如何划分，由省、自治区、直辖市决定"❷；1986 年实施的《中华人民共和国义务教育法》再次强调义务教育"在国务院领导下，实行地方负责，分级管理"，并对国务院及地方各级政府的职责进行了细化和规定；2001 年《关于基础教育改革与发展的决定》提出，管理体制应当实行"国务院领导，地方负责，分级管理，以县为主"，首次明确了县级政府的主要责任；2006 年新修订的《中华人民共和国义务教育法》规定："义务教育实行国务院领导，省、自治区、直辖市人民政府统筹规划实施，县级人民政府为主管理的体制。"这就以法律的形式确定了实行国务院、省级政府和县级政府"三级管理"的运行体制。"在学前教育中，1987 年出台的《关于明确幼儿教育事业领导管理职责分工请示的通知》指出，我国幼儿教育实行地方负责、分级管理、各有关部门分工负责原则，此后虽然又颁布了多项规范学前教育发展的政策文件，但都缺乏明确的权责划分，直到 2017 年

---

❶ 陈子季，童世骏，高书国，等 . 中国特色社会主义进入新时代与深化教育体制机制改革——十九大后中国教育体制机制改革专题研讨会专家笔谈 [J]. 中国高教研究，2017（12）：20-24.

❷ 何东昌 . 中华人民共和国重要教育文献（1976—1990）[M]. 海口：海南出版社，1998.

《关于实施第三期学前教育行动计划的意见》和《关于深化教育体制机制改革的意见》的相继出台，这才确定了学前教育实行国务院领导、省市统筹、以县为主的三级管理体制。"❶ 实行三级管理大大调动了地方政府的办学积极性，加速了基础教育改革与发展的进程，也是我国基础教育获得了突飞猛进的发展、取得了举世瞩目成就的制度保障。❷ 这样的三级管理模式，必须强化各级政府科学履行教育职责督导。

近年来，我国教育的体制机制得到不断完善，一系列改革政策和举措陆续出台。2010 年颁布的《国家中长期教育改革和发展规划纲要（2010—2020 年）》明确提出，要"积极探索营利性和非营利性民办教育分类管理"，这是我国教育政策中首次提出对民办教育进行分类管理，开启了民办教育分类管理的尝试与试验，民办教育进入新的历史发展阶段。❸ 在此之后，我国先后发布了《关于修改〈中华人民共和国民办教育促进法〉的决定》《关于加强民办学校党的建设工作的意见（试行）》《国务院关于鼓励社会力量兴办教育促进民办教育健康发展的若干意见》《民办学校分类登记实施细则》《营利性民办学校监督管理实施细则》5 个政策文件，对民办学校的设立、分类登记、申请办理条件、帮扶政策等进行细致规定，初步奠定了民办教育分类管理体系。

2019 年中共中央、国务院印发了《中国教育现代化 2035》，提出"发展中国特色世界先进水平的优质教育""完善教育质量标准体系"，指出：推进教育治理体系和治理能力现代化，提升政府管理服务水平，提升政府综合运用法律、标准、信息服务等现代治理手段的能力和水平。"开始重视标准引领

---

❶ 虞永平，张斌. 改革开放 40 年我国学前教育的成就与展望 [J]. 中国教育学刊，2018（12）：18-26.

❷ 罗士琰，张辉蓉，宋乃庆. 基础教育改革与发展的中国模式探析 [J]. 江西师范大学学报（哲学社会科学版），2020，53（1）：123-129.

❸ 中华人民共和国教育部. 国家中长期教育改革和发展规划纲要（2010—2020 年）[EB/OL].（2010-07-29）[2019-08-04]. http：//www.moe.gov.cn/srcsite/A01/s7048/201007/t20100729_171904.html.

的宏观管理，注重构建社会参与学校管理和教育评价监管机制。"❶ 2020 年中共中央、国务院印发了《深化新时代教育评价改革总体方案》，成为深入推进新时代教育评价改革的纲领性文件；同年，国家公布《中共中央关于制定国民经济和社会发展第十四个五年规划和二〇三五年远景目标的建议》，明确提出了"建设高质量教育体系"。党的二十大报告中强调：要"深化教育领域综合改革，加强教材建设和管理，完善学校管理和教育评价体系，健全学校家庭社会育人机制"。"深化科技体制改革，深化科技评价改革，加大多元化科技投入，加强知识产权法治保障，形成支持全面创新的基础制度。""这些政策顺应着当代教育理念的时代要求，对教育管理的各个环节提出了新的议题。"❷ 总结起来有以下几点：一是高质量发展需要高效科学管理，专业机构加入其中是保障管理高效科学组织实施的重要力量；二是公共治理的询证决策模式，强调标准管理、数据治理，从而改变经验管理方式，提高教育治理现代化水平。标准制定、证据决策使得管理程序不断复杂，需要第三方机构分解和承担一部分职能；三是基础教育三级管理模式的主要责任在政府，对各级政府履职督导也需要专业力量介入。

7.2.2 我国基础教育管理体制存在的问题

中华人民共和国成立以来我国基础教育管理体制改革的历程表明：在中央统一领导与地方政府积极参与下的分工负责、分级管理教育体制的建立，各级政府管理责任强化、对农村基础教育关注度的加大是基础教育发展成效显著的重要原因。但教育管理权力下放过度、政府一元的单线式管理模式和重效率、轻公平的教育价值取向则束缚了基础教育的发展。❸ 如何厘清教育行

---

❶ 罗曼 . 基于当代教育理念的教育管理策略初探 [J]. 中国教育学刊，2023（S1）：42-44.

❷ 同❶.

❸ 金燕，彭泽平 . 新中国基础教育管理体制改革：历程、经验与启示 [J]. 教育学术月刊，2016（2）：61-66.

政部门和其他职能部门的权责，教育部门的人权、事权、财权如何统一等问题将在未来的教育实践中亟待解决。

1. 从改革成效上看，基础教育管理体制改革呈现局部改进、整体不乐观的态势

从整体上看，具体表现在三个方面：从宏观教育发展战略来看，教育均衡改革未能促进实质教育公平；从育人方式来看，考试制度改革和课程改革未能促进创新型人才选拔与培育，未能切实减轻学生身心负担和推进学习方式的变革；从教育管理改革来看，现代学校制度未能建立起来，学校仍缺乏活力。其中，管理制度改革裹足不前。1985 年以来，简政放权、扩大学校办学自主权一直是教育管理改革的主导趋势。2010 年《国家中长期教育改革和发展规划纲要（2010—2020 年）》继续强调以转变政府职能和简政放权为重点，明确各级政府责任，促进管办评分离，形成权责明确的教育管理体制。2015 年教育部发布《教育部关于深入推进教育管办评分离促进政府职能转变的若干意见》，提出"推进政校分开，建设依法办学、自主管理、民主监督、社会参与的现代学校制度，依法明确和保障各级各类学校办学自主权"。2019 年中共中央、国务院印发《关于深化教育教学改革全面提高义务教育质量的意见》，再次提出要"推进现代学校制度建设，落实学校办学自主权"。虽然教育政策反复强调"确保学校办学自主权"、厘清"政校"关系，建立依法治校、自主管理的"现代学校制度"，并顺应全球发展趋势，提出推进教育治理现代化，然而所有这些诉求都指向教育行政部门，要求权力在学校与教育行政部门之间重新划分与相互制衡，但行政部门的"自我革命"和"自我放权"并不容易，而学校也缺乏足够的权力与地方行政部门展开博弈。"近年来，随着技术治理的推进以及行政官僚体系功能的拓展，地方教育行政管理机构越来越庞大，人员越来越多，对学校的管控越来越深入和细致，'痕迹管理''精细化管理'让学校

深陷制度桎梏，学校越来越缺乏活力和特色，办学体制改革困难重重。"❶ 分析基础教育"改革阻滞"的原因，作为工业社会的基本组织形式和理性化的结果，政府部门通常采用科层结构进行管理。技术理性影响下的科层制形成了精致有效的控制模式——以权力集中、权威等级为主要特征，强调行为标准化、目标绩效化。然而，在当前的复杂社会中，科层组织往往会"管理失灵"。其一，科层制善于守成，拙于改革。"政治的最高目标是秩序，创造秩序和维持秩序。秩序就是要保持现状，不但不追求变化，反而阻碍变化。"❷ 其二，科层结构容易发生功能障碍，形成"阻滞型集权化"管理模式。其三，基础教育管理部门的利益最大化考量。社会学家韦伯指出，科层组织可能演化成以自我生存为目标的生命体，而不是致力于实现组织设计初衷的理性目标。❸

2. 中小学办学自主权依然有限，政府部门仍然偏好以直接、微观、具体的手段来行使职权

政府部门擅长经验管理，当前数据支撑也使全流程、精细化的经验式控制更为便捷和普遍，主要表现在日常管理倾向发布具体的指令和规定。这些指令和规定可能包括学科设置、课程安排、教材使用等方面的要求，限制了学校的自主权和灵活性；在资源分配和管理方面具有较大的权力，包括教育经费的分配、师资配备等。这可能导致政府部门过于集中资源，并因户籍制度和城乡差异，使得农村学生和外来务工人员的子女等群体面临教育机会不平等的问题。同时，学校内部行政化管理的问题比较突出，普遍存在行政化、规模化、标准化的倾向，教师在教学内容和方法上的自主权受到了限制。

---

❶ 程红艳，罗艳华. 攻坚期基础教育改革阻滞与突围 [J]. 社会科学战线，2023（1）：226-235.

❷ 郑永年. 郑永年论中国：中国的知识重建 [M]. 北京：东方出版社，2018：234-235.

❸ 韦恩·K. 霍伊，塞西尔·G. 米斯克尔. 教育管理学：理论·研究·实践 [M]. 范国睿，等，译. 北京：教育科学出版社，2007.

3. 原因在于政府集举办者、管理者、监督者等角色于一身的现象 ❶ 并未得到改变

我国政府在教育领域扮演多重角色，既是教育举办者，负责直接组织和管理学校的办学活动，又是管理者，制定教育政策、法规和指导方针，进行资源分配和师资管理，同时又是监督者，对学校和教师的行为、质量和绩效进行监督和评估。"这种现状带来的结果必然是自说自话，缺乏说服力，缺乏相互监督和相互制约，无论哪个环节出了问题都难以问责及及时改进，长此以往就陷入僵化固化的泥潭。"原中国教育科学研究院副院长曾天山说。同时，也必然导致学校和教师的自主权受到一定程度的限制。因此，"落实和扩大学校办学自主权，首先是政府的职责。政府转变职能、转变管理方式是落实办学自主权的前提。"中国教育学会秘书处秘书长杨银付说。同时他认为"在放权的同时，还要创新管理方式。""要更多运用法规、规划、公共财政、信息服务等手段引导和支持学校发展，加强和改善宏观管理，发挥引导、示范、激励、监管作用。"曾天山认为，办学自主权须由规范的学校内部治理结构来实现。他指出，"落实和扩大学校办学自主权，关键是完善学校内部治理结构，要让每所学校都能依法行使办学自主权和承担相应责任，核心是加强章程建设。"

7.3 第三方评价在管理体制改革中的重要性论证

2010 年《国家中长期教育改革和发展规划纲要（2010—2020 年）》提出教育管理体制改革的目标是形成政事分开、权责明确、统筹协调、规范有序的教育管理体制，初步提出"管办评分离"。国家治理体系和治理能力现代化对基础教育管理体制改革提出了明确要求，即打破传统的政府垄断公共教育

---

❶ 突破教育管理体制的瓶颈 [EB/OL].（2018-11-15）[2023-07-25]. http：//www.moe.gov.cn/jyb_xwfb/moe_2082/zl_2018n/2018_zl89/201812/t20181205_362459.html.

产品与服务供给和管理的一元化格局，深入推进"管办评分离"，扩大学校办学自主权，鼓励多元主体共同参与基础教育服务的供给和管理。●党的十八大以来，"管办评分离"融入了推进国家治理体系和治理能力现代化这个更大的国家治理背景中。2013年党的十八届三中全会作出的《中共中央关于全面深化改革若干重大问题的决定》进一步指出，要"深入推进管办评分离，扩大省级政府教育统筹权和学校办学自主权，完善学校内部治理结构，强化国家教育督导，委托社会组织开展教育评价监测"。第三方评价的开展与机构的培育成为新时代教育管理体制改革最重要的支撑条件。

7.3.1　国外第三方评价的发展趋势

自20世纪中后期以来，第三方教育评价经过数十年的探索与发展，其在西方教育发达国家已经形成了非常成熟的市场及运行机制。

1. 美国第三方评价机构 ●

在美国，动员社会主体力量进行监督是对教育质量认证活动进行规范的一种常见途径。美国联邦政府为保障对社区学院教育质量的有效掌控，在有关法律框架和许可下，通过下设职能部门——联邦教育部（United States Department of Education，USDE）对教育认证机构进行资格认可，通过修改认可条款、定期公布具备认可资格机构名单及将政府拨款与认证结果进行挂钩等方式来体现联邦政府对社区学院教育发展的期望。对于美国社区学院而言，能否获得教育部（USDE）认可的教育认证机构的教育质量认证，直接关系到社区学院是否有资格获得联邦学生贷款和其他联邦资助项目经费，进而直接影响社区学院的生源及财力状况，这关乎社区学院的生存与发展。在社区学

● 蒲蕊. 新中国基础教育管理体制70年：历程、经验与展望 [J]. 中国教育学刊，2019（10）：48-53.

● SALTER B, TAPPER T. The Politics of Governance in Higher Education：the Case of Quality Assurance [J]. In Political Studies，2000（48）：66-87.

院的发展问题上，无论是联邦政府还是州政府或是地方政府都赋予了其充分的自由空间，鼓励其根据市场需求自主办学，因地制宜、创造性、特色化发展。这样的教育管理体制为美国六大区域性认证机构进行社区学院教育质量认证预留了发展空间，极大地激发着六大区域性认证机构开展社区学院教育质量认证的积极性。当然，对教育认证机构本身及认证活动需要通过立法或行政法规的形式作出具体规定。在美国，已经形成了具有制约性的教育认证机构审核、监督和惩罚制度。

2. 英国第三方评价机构 ❶

英国第三方教育评价机构的政策规划、评价的开展必须符合和贯彻英国政府在基础教育领域的政策精神，并接受政府的监督和间接管理。同时，其评价决策的形成、评价参与者的构成特别强调社会、学校、学生及家长的参与，评价的最终结果会在网站公开，以供社会各界直接查询。"在英国的职业教育质量第三方评价活动中，在评价开始前，教育标准局（Office for Stanards in Education，OFSTED）采取公开、公正的市场化的竞争方式寻求与教育评价中介机构开展合作；在评价过程中，第三方评价的评价标准、评价内容、评价方法和评价程序等均向职业院校、行业和社会公开，接受大众监督；在评价结束后，教育标准局会将职业院校的评价报告及结果在其官方网站上进行公布，所有对教育质量感兴趣的组织和个人都可以从官方网站上获得关于某一院校的评价报告"。❷ 在英国职业教育质量第三方评价中获得优秀或良好的职业院校，一般需要每 6 年接受一次评价；评价结果为需要改进的职业院校，每 4 年要接受一次评价；而评价结果为不合格的职业院校，评价后会继续接受监控访问,并在上一次评价结束后的 18 个月左右接受全部或部分再评价。❸

---

❶ 余凯，杨烁．第三方教育评价权威性和专业性的来源及其形成——来自美、英、法、日四国的经验 [J]. 中国教育学刊，2017（4）：16-21.

❷ 韩喜梅，潘海生，王世斌．职业教育质量第三方评价机制的国际经验与启示 [J]. 中国职业技术教育，2019（24）：73-80.

❸ 程宇．中英职业教育质量观：借鉴与交流 [J]. 职业技术教育，2012（21）：41-43.

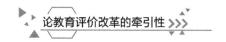

3. 法国第三方评价机构

法国是中央集权制的典型，但自 20 世纪七八十年代以来，通过立法手段不断扩大和强化社会参与的作用。法国政府牵头创办或提议建立中介机构，政府向中介机构提供维持费用和资助，委托中介机构开展评价。❶法国基础教育第三方评价机构的运行以全国评价委员会为主。法国全国评价委员会强调对中小学教学质量的评价，其内容主要包括学校的硬件设施设备、组织结构、教师结构、财政经费情况、学生成绩、毕业会考合格率、卫生保障与校园文化建设等。❷法国的第三方评价机构主要是接受政府的监督，政府在第三方评价中担负起宏观管理的职责。同时，也会受到被评院校和社会的监督。首先，其评价人员吸纳了广泛的社会力量参与，保证了充分的社会代表性，并且其评价结果要向社会媒体公布或发布在自己的网站上。其次，被评院校也可以对评价结果进行监督。❸

4. 日本第三方评价机构

日本的第三方评价机构建立主体既有行业协会组织建立的，也有政府部门主导建立的，其行业组织拥有很高的权威性。例如，日本最悠久的认证评价机构——大学基准协会，它是由大学自愿组成的大学团体。"日本对中小学的教育评价基本上按照统一的教育质量标准，如学校教育目标的评价、课程计划的评价、学生管理的评价、教师的评价和学校人事管理的评价等。"❹在日本，虽然各第三方评价机构种类不同且各具特色，但同样强调评价人员的多样化构成。如大学改革支援与学位授予机构在对高等专门学校进行评价时，所建立的高等专门学校评价委员会人员一般由不多于 20 人构成，且主要为来

---

❶ 毛杰. 新制度经济学视角下的第三方教育评价制度环境研究 [J]. 中国大学教学，2016（7）：73-79.

❷ 黄雪娜. 英、德、法三国基础教育质量评价机制的比较研究 [D]. 福州：福建师范大学，2003.

❸ 余凯，杨烁. 第三方教育评价权威性和专业性的来源及其形成——来自美、英、法、日四国的经验 [J]. 中国教育学刊，2017（4）：16-21.

❹ 同 ❸。

自国立、公立、私立高等专门学校相关人员，以及社会、经济、文化等各方面的有识之士。● 在日本，文科省和第三方评价机构间存在着严格的管理与被管理关系。文科省按照国家意志提出第三方评价机构获得资格认证的标准，同时还具有对第三方评价机构的各方面条件进行审查的国家权力。

5. 德国第三方评价机构

在德国，作为全国性的认可机构——德国联邦认证委员会（the German Federal Accreditation Council，GAC）除对各州学校质量评价研究所进行评价资格认可之外，还对其采取了多种方式的质量监控。例如，会定期举行与州学校质量评价研究所的会议，严格监督其对统一标准的遵守情况，确保其遵守认证委员会的决议和完成本身应承担的责任。同时，认证委员会成员在和州学校质量评价研究所达成一致的基础上，可以作为客人参加该机构的表决会或相应的评价会议，认证委员会的办公室人员还可参加评价机构举行的各种非正式会议。● 除来自联邦政府层面的监督管理之外，州学校质量评价研究所还会接受所在州教育执行部门如文教部对其评价行为的规范与约束。●

从国际上看，无论是集权制国家还是分权制国家，第三方评价机构认证、指导和监督的作用都得到充分的发挥，成为政府加强管理的有益补充力量。其中，美、英、法、日、德五国的第三方教育评价机构发展得较为成熟，其评价质量享有较高的国际声誉，具有较高的权威性和专业性。"在评价机构的建立方面，其权威性与专业性主要来源于完善的法律法规体系、建立主体的

● 高等专门学校机关认证评价委员会 [EB/OL].（2017-09-12）[2023-07-26]. http：//www. niad.ac.jp/n_kikou/shokaigi/hyouka/kousen/index.htm.

● 董有志. 对高等院校评价认证机构的认可的比较研究——以美国、日本、荷兰和德国为例 [D]. 上海：华东师范大学，2010：89.

● 韩喜梅，潘海生，王世斌. 职业教育质量第三方评价机制的国际经验与启示 [J]. 中国职业技术教育，2019（24）：73-80

权威性、机构的独立地位和多元化与高素质的评价队伍。从评价的实施方面
而言，其权威性与专业性的形成主要缘于全面完整的评价程序、先进科学的
评价技术、专业的研究支撑和有效的外部监督与社会参与。"❶

7.3.2 我国管理体制面临的新问题

一方面，我国第三方评价机构发展不完善；另一方面，政府在管理体制
上存在一方独大的局面。小社会、大政府，在新时期也面临着许多新的问题，
迫切需要培育第三方评价机构，充分发挥行业协会、专业学会等机构的力量，
协助政府发挥对教育、学校的指导、监督和管理的作用。

1. 教育政策对教育管理提出了新的要求

近年来，我国教育的体制机制得到不断完善，一系列改革政策和举措陆
续出台。2019 年，中共中央、国务院印发了《中国教育现代化 2035》，提出"发
展中国特色世界先进水平的优质教育""完善教育质量标准体系"；2020 年，
中共中央、国务院印发《深化新时代教育评价改革总体方案》，成为深入推进
新时代教育评价改革的纲领性文件；《关于全面加强新时代大中小学劳动教育
的意见》的出台，为构建"五育并举"的格局提出了新要求；同年，国家公布
《中共中央关于制定国民经济和社会发展第十四个五年规划和二〇三五年远景
目标的建议》，明确提出了"建设高质量教育体系"。这些政策顺应了时代要
求，对教育管理的各个环节提出了新的议题。

2. 信息技术革命对教育管理产生了深远的影响

传统的教育管理涉及的教学组织、师生关系、考核评价等已不能满足时
代的需要。信息技术给教育管理带来了便捷的同时，也带来了管理模式和方

---

❶ 余凯，杨烁. 第三方教育评价权威性和专业性的来源及其形成——来自美、英、法、日四国的经验
[J]. 中国教育学刊，2017（4）：16-21.

式的改变。"人工智能＋教育"信息技术的运用，使教师的作用和地位发生了变化，同时使学生学习方式发生改变，进而影响了教育组织的各个环节，教师评价和学业评价方式也必须打破传统思维，这些挑战需要先进的教育理念给予支撑。

3. 教育管理育人的理念还有待提升

学校的教育管理不同于企业和政府的管理，具有特殊的对象群体和特定的场域环境，必须遵循教育的规律，体现育人的功能。教育管理不仅是管理，也要体现管理育人。"当前，我国的教育管理更多倾向于政策的引导和行政的规范约束，却欠缺育人理念为支撑的管理策略，当代教育理念在教育管理工作中应有的价值和作用还未真正发挥，这些问题都有待通过将先进的教育理念恰当运用到教育管理实践中，以此更好适应新时代对人才培养的需求及教育事业的发展。"❶

发展第三方教育评价的实质是进一步转变政府职能，引导社会参与教育治理，构建科学合理的政府管教育、学校办教育和社会评教育的教育治理体系。"政府是'管'的主体，承担教育管理职能，既要实现'管—办'分离，把办学的自主权交给学校，还要实现'管—评'分离，退出服务性评价领域，还评价权于社会第三方。从而实现政府职能转变，摆脱微观具体的管理思维，实现以标准的规范管理、宏观管理和高效管理；学校是'办'的主体，在提升自主办学能力的同时实现'办—评'分离，明晰自我评价和外部评价，将一部分评价权交由第三方专业机构，实现他评与自评的有机统一；第三方教育评价机构应加强自身建设，积极承接评价职能，提高第三方评价的专业性和客观性。"❷ 因此，无论从国际趋势看，还是从新时期教育管理体制面临的新挑战看，培育和发挥第三方评价机构在分担政府职责、促使政府职能转变

---

❶ 罗曼 . 基于当代教育理念的教育管理策略初探 [J]. 中国教育学刊，2023（S1）：42-44.

❷ 严萍，李欣婷 . 第三方评价如何落地——省级教育评价机构转型发展探究 [J]. 研究生教育研究，2019（6）：66-72.

上都具有更加专业和可能的积极作用。重视第三方教育评价是大势所趋，第三方教育评价机构将迎来广阔的发展空间。

7.4　牵引教育管理体制变革的第三方评价

国家近年来高度重视第三方教育评价工作，高位推动教育评价制度改革，相继出台了一系列重要文件。例如，《关于全面深化改革若干重大问题的决定》《关于深入推进教育管办评分离促进政府职能转变的若干意见》《关于鼓励社会力量兴办教育促进民办教育健康发展的若干意见》《关于印发国家教育事业发展"十三五"规划的通知》《关于深化高等教育领域简政放权放管结合优化服务改革的若干意见》《关于深化教育体制机制改革的意见》等。"这些文件从'委托专业机构开展评价''扩大社会组织参与教育评价'，到'大力推进管办评分离''开展第三方评价''健全第三方评价机制'，关于第三方教育评价的认识不断深化、政策表述愈加精准、制度设计更加完备，同时多次提出'大力培育专业教育服务机构'，为第三方教育评价机构发展提供了政策支持。"❶其中，教育部 2015 年出台《关于深入推进教育管办评分离促进政府职能转变的若干意见》，"标志着教育管办评分离迈入实质推进阶段，教育评价模式由政府主导逐步转变为第三方评价，为开展第三方教育评价提供了有力的法治保障"❷。这些规定的提出与落实，都是牵引管理体制改革的巨大力量。

7.4.1　存在的问题

从我国第三方教育评价的发展来看，由于起步较晚，相关的法律体系尚

---

❶ 全国人大常委会关于修改《中华人民共和国高等教育法》的决定 [EB/OL].（2015-12-28）[2023-07-28]. http：//www.gov.cn/zhengce/2015-12/28/content_5029896.htm.

❷ 同❶。

未健全，这在一定程度上制约了第三方教育评价的有效运行和评价的质量。正如教育部前副部长刘利民所指出的，"社会组织在数量和专业服务能力方面没得到充分培育""使教育行政部门职能转化、分权下放的目标还不能马上实现"。❶

1. 缺少统一的评价标准和法律规定

目前虽然部分地方政府已经在积极探索相关法律规范，但国家层面还缺乏对第三方评价及其组织的专门法律依据。❷同时，教育评价标准缺乏国家的统一规定。不同的评价机构可能使用不同的标准和指标来评估学校和教育机构，导致评价结果的可比性和公正性受到质疑。

2. 第三方评价机构构成单一、独立性欠缺

目前，在我国第三方教育评价体系中，大部分是由教育行政部门主导建立的第三方教育评价机构，民间第三方教育评价机构的力量较为薄弱。评价机构的业务来源主要依托政府的委托，同时，由于我国教育第三方评价市场尚未形成以及管理体制等方面的原因，大部分评价机构的运行经费过多依赖政府或教育行政部门的支持，这严重影响了评价机构的独立性，在实践中非常容易受到行政机关的单方"意志性"和"强制性"影响，严重阻碍着其应有效能的发挥。

3. 第三方评价机构人员整体素质不高

一些评价机构人员可能没有充分的教育背景和教育领域的专业知识，无法有效收集到准确、全面和可靠的教育数据，或者缺乏适当的数据分析技能，无法从大量的数据中提取有意义的洞见和结论；受到个人主观偏见或利益冲突的影响或者是过度依赖标准化考试成绩和排名，无法全面评估学校的教学

---

❶ 刘利民. 新形势下我国基础教育管办评分离思考 [J]. 中国教育学刊，2015（3）：1-6.

❷ 周汉华. 全面依法治国与第三方评价制度的完善 [J]. 法学研究，2021，43（3）：19-35.

质量、学生的综合发展和教育的多元化特征，从而影响评价结果的全面性和准确性。

4. 第三方评价机构作用发挥不足

我国第三方评价机构在开展评价时，基本依照"学校自评、专家进校考察、评价结论审议与发布"的程序。这使评价工作仅停留在组织评价人员对照评价指标进行判断和得出相关的评价结果层面，而缺乏相应的后续指导工作和周期性的复评工作，因而导致最后难以给被评价院校提交高质量的咨询报告。这使评价的鉴定、咨询服务等功能难以得到真正发挥，严重影响了评价的专业性和权威性。

5. 评价理论方法和制度不足

我国第三方评价机构由于发展较晚，评价理论和技术更多地来自国外，而且接触到的理论和技术方法相对落后，评价指标体系还不完善。同时，教育评价的质量标准较为单一，学校的办学特色方面没有得到足够的重视，影响了评价的科学性和公正性，这也是导致我国第三方教育评价专业性和权威性不足的重要原因。

因此，推行第三方评价改革并非一帆风顺，面临诸多挑战与难题。当前，"积极推行第三方教育评价，依然是深入推进管办评分离、建立健全多元参与的教育评价体系、构建教育公共治理格局的重要举措。需要尽快出台类似《关于积极推行第三方教育评价的指导意见》的政策文件，稳妥推进第三方教育评价，是支持各类社会组织提供第三方评价服务、保证第三方教育评价的健康发展必由之路。"●

● 李亚东，俎媛媛 . 我国第三方教育评价的核心问题辨析及政策建议 [J]. 教育发展研究，2018，38（21）：1-5.

7.4.2　解决的策略

新制度经济学认为，我们不能责备于人们的行为，而应当改革促成这种行为的制度环境。在教育治理现代化转型、推进管办评分离的时代大背景下，多元主体共同参与教育治理已成大势所趋。"第三方教育评价是对教育事实的测量，这决定了第三方教育评价的评价主体必定是多元的，多样的评价主体之间也需要协调、联络、互补，共同成长发展，整体上才能形成良性的第三方教育评价生态。传统一元控制主体的政府部门，要逐渐从全面掌控者向多元治理角色转型。多元治理承担的是创设远景、设计制度，不仅要促进各领域自组织，还要使不同自组织的目标设定、时间尺度以及行动取向等相对协调。"❶要确保第三方通过评价推动教育管理体制变革，实现政府职能转变，扩大学校办学自主权，就需要加强制度供给，推进制度创新，为第三方评价创设适宜的制度生态环境。

1. 加强法律和政策支持，完善第三方评价制度与规范

加强法律和政策支持是确保第三方评价制度与规范的有效实施的重要手段。为此，政府部门应加强相关法律法规的制定和修订，确保第三方评价的合法性和权威性；应积极推动相关政策的出台，为第三方评价提供必要的经费和资源支持，促进其独立性和专业性。同时，建立明确的评价标准和流程，确保评价过程公正透明。通过建立健全法律和政策体系，加强第三方评价制度的监管与引导，使其成为推动教育质量提升的有效工具。

2. 加强信息公开，促进资源共享

在现代教育治理转型的背景下，政府部门要转变理念，树立"善治"理念，倡导公共参与精神，根据相关法律规定，以信息公开为基本原则，通过官方网站、微博、书面材料等途径，及时客观地向第三方教育评价组织公开

---

❶ 褚宏启. 教育治理：以共治求善治 [J]. 教育研究，2014，35（10）：4-11.

评价所需要的信息，实现资源共享。同时，在完善评价相关法律条例的基础上，政府要督促学校积极配合第三方评价工作，及时提供各种相关办学信息，确保第三方评价组织能够充分、全面了解学校的运作过程和取得的成效。从当前现实出发，保证评价信息的全面、真实、完整和共享，首先信息数据不仅是常态的，还应该是动态的，并要在此基础上有效利用互联网技术，建立起评价数据平台。

3. 创设良好环境，提高第三方评价机构自我发展能力

要促进第三方评价有序、快速发展，就要为其生存与发展提供良好的环境，使第三方评价主体能够充分掌握和了解政府、学校的需求。政府部门可根据不同类型评价组织的特征，有针对性地推出培育策略。具体可以采用如下措施：一方面，制定相应政策，建立并逐渐完善第三方教育评价行业标准。根据教育领域的特点和需求，确定评价内容和指标，涵盖学校和教育机构的各个方面，如教学质量、学生综合素质、教师发展等，指标应具备科学性、可操作性和可度量性；明确评价过程和方法，包括数据收集方式、评价工具和技术、评审程序等；建立质量控制和监督机制，确保评价机构遵守行业标准和道德规范。可以设立独立的评估机构或监督机构，负责对评价机构的质量进行审查、监督和评估，以促进该行业整体专业水平提升。另一方面，创设公开、公平、公正的竞争机制。确立明确的评选标准和程序，明确评选的目的、参与资格、评审流程以及评审标准。这样可以确保不同类型评价组织在同等条件下进行竞争，并减少不公正行为的可能性。

4. 完善和落实第三方评价结果的应用机制

评价结果的应用是第三方评价的关键一环。首先，要明确各类教育绩效评价结果的公开机制。评价方要及时分析评价结果，能够及时将学校教育质量、办学水平、政府履行教育职能等结果如实公布。其次，应加快形成各类教育评价结果的采纳及反馈机制。要形成"第三方评价教育绩效—分析政府及学

校所供给的教育服务存在问题及产生根源—政府及学校反思和改进服务质量，更好地满足公众对教育的需求—第三方评价组织再评价"这样一个有效循环。最后，评价结果应与学校评优评先、教育部门绩效考评、教育管理者的个人晋升相关联，形成明确的问责机制。通过第三方评价结果，评价对象自我评价，以及上级部门的考核相互结合、相互印证的方式，对政府及学校相关人员进行合理的奖惩，达到督促学校、政府改进教育绩效的目的。"在加强引导社会、学校、教师、家长、人力资源部门使用第三方教育评价结果的同时，第三方教育评价机构也要积极与政府、学校等部门合作，探索教育评价的认可与采购模式及流程，提升用户对第三方教育评价机构的认可度。"❶

总之，第三方评价制度的构建是一个系统工程。社会对第三方绩效评价的认同度越高，第三方评价组织的评价力就越强。因此，要努力营造评价文化发展环境，加强公共舆论引导工作，提升社会公众对第三方评价的正确认识。❷

7.4.3　可借鉴的案例

重庆市教育评估院成立于 2009 年，为重庆市编委批准设立、重庆市教育委员会直属的事业单位，同时挂重庆市基础教育质量监测中心的牌子，是西部第一家、全国第三家成立的省级教育评估机构，是中国唯一的教育评估与质量监测二合一的教育评价机构，还是国家标准委批准的中国首批 98 个社会管理和公共服务标准化试点单位之一。

近年来，重庆市教育评估院通过研究评估方法、制定评估标准和指标体系，开展基础教育、职业与成人教育、高等教育评估研究工作和承担基础教育质量监测标准研制、技术开发、组织实施和数据库建设工作等工作，很

❶ 毛杰. 新制度经济学视角下的第三方教育评价制度环境研究 [J]. 中国大学教学，2016（7）：73-79.
❷ 王光艳，杨颉. 基于公信力的教育质量第三方评价制度构建 [J]. 教育研究，2018，39（8）：61-66.

好地支撑了重庆市教育事业的改革发展，并切实提高了重庆市政府决策的科学性和管理的有效性。如重庆市教育评估院通过评估调查和数据收集，获取包括学校的教育质量、学生的学业水平、教师的教学能力等方面的大量数据并提供大量的评估报告，这些数据和评估报告为政府决策制定提供了客观的依据和参考。重庆市教育评估院还通过对评估结果的监测和评估效果的反馈，及时跟踪和了解政策的实施情况和效果，为政府部门提供了改进建议和调整方案，确保决策的有效性和可持续性。同时，重庆市教育评估院的专业人员常常还作为专家顾问直接参与政策研究和讨论，为政策出台提供专业建议和论证。重庆市教育评估院因其专业性和独立性已经成为重庆市教育决策制定的重要参考机构。

第 8 章　加强督导评估，
牵引质量保障机制变革

一直以来，无论国内外，加强对教育的督导评估一直是教育质量保障的重要举措。进入新时代，构建高质量教育体系，成为新发展阶段构建教育新发展格局的核心任务。高质量教育保障体系的构建是高质量教育体系的重要组成部分，同样成为加强教育督导评估必须重视的内容。

8.1　教育质量保障机制的重要意义和主要构成

在《现代汉语词典》中，"保障"一词有两个含义，其一是指保护（生命、财产、权利等），使不受侵犯和破坏；其二是指起保障作用的事物。❶"机制"一词有四个含义，一是指机器的构造和工作原理；二是指机体的构造、功能和相互关系；三是指某些自然现象的物理、化学规律；四是指一个工作系统的组织或部分之间相互作用的过程和方式。❷教育质量保障机制指对教育质量起保障作用的组织或部分之间相互作用的过程和方式。当然，随着时代不同，人们对质量的理解也有所偏差。既可以指办学条件的好坏，也可以指办学水平的高低。站在新时代，教育质量更加指向结果导向的办学水平的高低。

---

❶ 中国社会科学院语言研究所词典编辑室 . 现代汉语词典（第 7 版）[M]. 北京：商务印书馆，2016：47.
❷ 中国社会科学院语言研究所词典编辑室 . 现代汉语词典（第 7 版）[M]. 北京：商务印书馆，2016：600.

8.1.1 教育质量保障机制的重要意义

我国"十四五"规划指出,新时代教育发展的重要主题是建设高质量教育体系,而高质量教育保障体系是高质量教育体系的重要组成部分,更是建设高质量教育体系的重要支撑,对确保教育系统有效运行、学生获得高质量教育意义重大。

1. 教育质量保障机制有助于促进教育高质量发展

教育质量是衡量一个教育系统健康与否的重要标志。如果教育质量不过关,学生的学习效果和综合素质将无法得到提升,教育的目标也难以实现。因此,教育质量保障机制是确保教育高质量发展的前提和基础。同时,教育质量保障机制也是教育系统持续改进的动力,这种机制包括对教育教学过程进行监测和评估,发现问题和不足,然后有针对性地采取改进措施,对促进教育健康发展、营造良好教育生态至关重要。因此,通过高质量保障机制,既可倒逼人才培养模式改革、引导教育科学发展,又能够促进教育生态的各相关主体深入理解教育本质,形成育人合力。可以说,教育质量保障机制是营造健康教育生态、促进教育持续发展的"动力"和"马达"。

2. 教育质量保障机制有助于促进学生高质量发展

教育的基本要义是引领和助力学生的成长。构建"五育并举"的教育质量保障机制既是教育评价改革的鲜明导向,也是满足学生高素质发展的应然要求。教育质量保障机制通过有效的评估和跟踪,了解学生的学习情况和需求,为每个学生提供更加个性化的学习支持和指导,帮助学生充分发挥潜力,实现个人高质量的学习发展。同时,教育质量保障机制有助于对教学内容和方法进行评估和优化,确保教学内容与时俱进、科学合理,符合学科特点和学生认知规律,为学生提供有挑战性和启发性的学习体验,激发学生的学习兴趣和主动性。

3. 教育质量保障机制有助于促进教师高质量发展

教师是培养人才、发展学术、创新知识的中坚力量，关乎国家和民族的未来大计，有其自身成长和发展的规律。高质量的教育保障机制能够对教师的教学进行评估和反馈。通过教学评估和反思，教师可以了解自己的教学优势和不足，找到改进的方向，不断提高自身的教学质量。高质量的教育保障机制能够为教师提供专业发展的机会和平台，激发教师主动提高教育教学能力的积极性和创造力，使追求进步的信念成为教师发展的自觉，实现教师从专业化向高端化方向的迈进。一个完善的质量保障机制还应该关注教师的福利和工作环境，为教师提供良好的教学条件和发展保障。这样的关注有助于提高教师的工作满意度和教学效率。

4. 教育质量保障机制有助于促进学校高质量发展

高质量发展的本质是坚持以人民为中心，办好人民满意的教育，其内涵主要体现在学校坚持社会主义办学方向、拥有现代学校管理制度、教育教学尊重学生的个性发展、重视师德师风建设、实现发展性评价和过程性评价有机结合，扎实推进高质量发展的每一个方面，从而真正满足学校高质量发展的需要。构建教育质量保障机制对于促进学校高质量发展至关重要，它涵盖了学校教育目标的实现、资源配置的优化、教学质量的持续改进、学校声誉的提升及学校特色发展等方面，从而推动学校实现全面、均衡、可持续的高质量发展。例如，一个健全的教育质量保障机制有助于确保学校教育目标的实现，通过设立明确的教育目标和标准，建立科学有效的评估体系，学校可以对自身的教育水平和发展状况进行客观评估，及时发现问题并采取措施加以改进。同时，也可以帮助学校更好地进行教育资源的优化配置，通过对教育教学过程进行监测和评估，学校可以了解师资力量、教学设施、教学材料等方面的状况，合理调配资源，提高资源利用效率，确保资源得到充分发挥。

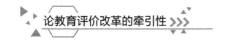

8.1.2 教育质量保障机制的主要构成

教育质量保障机制的构成是一个综合性的系统，涵盖了多个方面和环节，不同的研究有不同的理解。

1. 从内容划分看

关于质量的法律制度保障、自我保障、资源保障等是其中最重要的部分。❶ 第一，法律制度保障。我国教育的法律制度保障包括宪法、教育法等基本法律，以及教育条例、教育规划和政策文件，如《国家中长期教育改革和发展规划纲要》《国家义务教育均衡发展规划》等。这些法律与规定确保了教育的公平、质量和可持续发展，为我国的教育事业提供了坚实的法律基础。第二，自我保障。教育质量的自我保障是学校持续改进和提高教育质量的一种重要方式。学校通过明确教学目标、规范教学过程、提高师资力量、关注学生评估和跟踪、建立教学评估和反馈机制等措施，不断提升教育质量，确保教育的有效性和学生的全面发展。例如，四川大学于 2000 年组建了学校的本科教学督导组，加强教学全过程的管理与督导，实施领导干部听课制、教学奖惩制度等，完善教学质量评价系统。同时，学校还建立了毕业生跟踪卡，多方听取用人单位、学生家长、社会各界对毕业生的评价，根据社会反馈信息及时调整教学计划、学科专业、课程内容及体系、人才培养模式等，不断提高教学质量和人才培养质量。第三，以经费为重点的资源保障。1985 年出台的《中共中央关于教育体制改革的决定》提出："在今后一定时期内，中央和地方政府的教育拨款的增长要高于财政经常性收入的增长，并使按在校学生人数平均的教育费用逐步增长。"1992 年，党的十四大提出"建立社会主义市场经济体制"的改革目标，关于教育经费"各级政府要增加教育投入""鼓励多渠道、多形式社会集资办学和民间办学，改变国家包办教育的做法"。

---

❶ 周俊华. 终身教育发展保障机制研究：基于国际比较的视角 [J]. 教育学术月刊，2016（4）.

1993 年，中共中央、国务院印发《中国教育改革和发展纲要》，首次提出财政性教育经费占 GDP 4% 的目标，进一步明确提出"要逐步建立以国家财政拨款为主，辅之以征收用于教育的税费、收取非义务教育阶段学生学杂费、校办产业收入、社会捐资集资和设立教育基金等多种渠道筹措教育经费的体制"。1995 年，《中华人民共和国教育法》规定："国家建立以财政拨款为主、其他多种渠道筹措教育经费为辅的体制，逐步增加对教育的投入，保证国家举办的学校教育经费的稳定来源。"在这种多渠道筹措的投入体制下，全国教育经费总投入持续快速增长。"2012 年，教育经费总投入达到 27 695.97 亿元，实现了当年财政性教育经费投入占 GDP 4% 的目标。以此为里程碑，教育经费总体投入水平逐年不同幅度增长，其中，财政性教育经费的比例一直维持在 80% 的水平。另一方面在于社会的教育经费投入。2018 年各级各类学校的教育经费投入情况来看，整个教育经费的投入还有将近 20% 的非财政的社会性投入。"❶

2. 从实施主体划分看

教育质量保障机制，分为内部保障机制和外部保障机制。❷ 外部质量保障机制主要通过独立的、第三方的评估和认证，对教育机构的整体质量进行外部监督和评估。这种评估具有客观性和公正性，能够从整体上反映教育机构的质量水平，提供给学生、家长和社会对教育机构的信心和认可。同时，外部质量保障机制也能对教育机构的问题和不足进行发现和指出，促使其进行改进和提高。而内部质量保障机制则更加注重教育机构内部的自我评估和持续改进。通过自主开展评估和改进活动，教育机构能够更深入地了解自身的优势和问题，并针对性地采取措施进行改进。内部质量保障机制能够激发教育机构内部的积极性和创造性，促进教育质量的不断提升。总体而言，外

---

❶ 庞丽娟，杨小敏 . 高质量教育体系建设的经费投入保障思考与建议 [J]. 国家教育行政学院学报，2021（8）.

❷ 袁益民 ."管办评分离"改革与教育质量保障 [J]. 高教发展与评估，2016（1）.

部质量保障机制提供了一个客观的、从整体上监督教育质量的视角，而内部质量保障机制则提供了一个自主的、从内部改进教育质量的途径。外部质量保障的目的是服务内部质量保障，外部质量保障的强度按照内部质量保障的状况做出相应的调整，两者相互配合，共同构成了完整的教育质量保障体系。

在我国，高等教育质量保障机制和基础教育质量保障机制在实践中有明显的不同。高等教育质量保障机制伴随我国高等教育事业快速发展，已经形成了自我评估、院校评估、专业认证、国际评估和教学基本状态数据常态监测五位一体的制度体系。在外部质量保障体系中，政府作为主体，其中国务院、财政部、教育部、教育部教育质量评估中心（前身为教育部高等教育教学评估中心）、教育部学位与研究生教育发展中心等是主要评估机构，由重点政策、教学评估、学科评估和专业认证等组成了我国高等教育质量保障体系的核心内容。"外部质量保障体系中的社会主体（第三方机构或组织）则作为辅助力量，通过大学排行系统（如中国高校竞争力评价、世界大学学术竞争力评价等）、公众满意度调查（如软科中国大学生满意度调查报告等），以及媒体通过新闻报道监督等方式积极参与高等教育质量保障实践工作。"❶

基础教育阶段的质量保障机制伴随着义务教育的"两基"验收、基本均衡评估、学生营养改善计划、全面改革等重大专项督导评估工作而不断发展完善起来的。为实现1986年《义务教育法》提出的国家实行九年义务教育制度、凡年满六周岁的儿童都应当接受九年义务教育的法律要求，1993年，国家教委建立了"两基"督导检查和评估验收制度。后来近20年我国开展"两基普九"评估验收工作，到2011年年底，我国31个省、自治区、直辖市全部通过"两基"国家评估验收工作。2010年之后，我国义务教育进入全面普及阶段，2010年教育部颁布《教育部关于贯彻落实科学发展观进一步推进义务教育均衡发展的意见》，提出"把均衡发展作为义务教育的重中之重"，

---

❶ 宋海生 . 普及化阶段我国高等教育质量保障体系的现状、问题与优化路径 [J]. 当代教育论坛,2023（2）.

2012 年，教育部出台了《县域义务教育均衡发展督导评估暂行办法》。随后的
10 年，我国开展"基本均衡"验收评估，2021 年全国 31 个省（区、市）和
新疆生产建设兵团的 2895 个县全部实现了县域义务教育基本均衡发展，这是
我国继实现基本普及九年义务教育之后的又一伟大成绩。在这些伟大成绩里，
教育督导评估发挥了很重要的作用。当然，教育督导评估制度及其配套政策、
运行机制等也在这些作用的发挥中逐步完善起来，构建了国家、省、市和区
县四级督导机构，形成了督政、督学、评估监测三位一体的教育督导制度，
有力促进外在教育质量保障机制和内在教育质量保障机制的有机结合，为完
善决策、执行、监督相互协调的教育治理体系贡献力量。本书主要聚焦基础
教育，因此，关于质量保障机制我们也将聚焦督导评估来讨论。

8.2　我国教育督导评估的历史沿革及面临的问题

我国古代教育督导评估制度历史悠久。现代教育督导评估制度虽然属于
西学东渐的产物，但历经几十年的发展，也逐渐具备鲜明的中国特色。

8.2.1　我国古代督导评估制度历史悠久

我国教育督导评估制度历史源远流长，历代统治者都十分重视。最早可
追溯到西周的天子"视学"。《学记》中就有"天子视学""王亲视学"的记
载。汉代以后的历朝历代帝王都很重视去太学"幸学""考察勤惰"。宋代开
始建立教育视察监督机构，并设有专门官职。明代设提学官，亲自巡视各类
学务。清初各省原设提督学道，雍正年间改称提督学政，负责管理一省学政
事务。❶

---

❶ 金强，马淑芳.发挥集团内部督导职能推动教育优质均衡发展 [J].中国教育学刊，2018（2）.

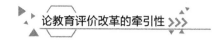

1. 形成了清晰的发展脉络

第一阶段，天子视学阶段（西周—汉朝）。早在西周时期，宫廷里为贵族举办了"官学"，周王定期去学校检查工作，称为"视学"。《礼记·文王世子》有云："天子视学，大昕鼓徵，所以警众也。"至今已经有三千余年的历史。天子视学主要是一项天子治教与视学活动，具有很强的监督巡视性质，也具有很强的权威性和威慑力。第二阶段，天子幸学阶段（汉朝—唐朝）。汉武帝时期，为了确立儒学正统地位，在京师开办了封建时期最高学府——太学。汉代帝王都十分重视太学，不定期到太学视学。汉代帝王驾临太学视察，称为"幸学"。魏晋南北朝时期，朝代更迭频繁，但每个朝代都仿效汉代的先例，进行幸学活动。第三阶段，天子幸学与学官督学并存阶段（隋朝—清末）。隋唐时期，封建制度不断完善。隋朝在中央政府设立"国子监"，这是中国，也是世界上最早独立设置的教育行政和监督机关。随之，将天子"幸学"扩大到学官"督学"。除了天子视学的制度外，相关的教育管理部门也对教育起到监察和训导的作用。唐朝不仅通过明确教育管理及机构中人员的职责来实现对学生的"督学"，还确立了专门的机构和标准对教师进行"督教"。到了明代，帝王幸学制度进一步规范化。清代帝王幸学基本上沿用明制，直到雍正即位，改幸学为诣学。

2. 形成了完备的古代视导制度

第一，视导制度体系完整。历经几千年，我国教育督导制度的形式从最早的周天子"视学"、到帝王"幸学"，最后发展到学官督学。其间，对天子视学的内容、形式、仪式及学官督学的标准、内容甚至是学官的资格、基本任务、考核标准等都详细的设计和规定。如，明代朝廷认为，"养士之本，在于学校，贞教端范，在于督学之臣"❶。明代十分重视督学官的选拔，在赋予督学官很大权力的同时，也制订了制约督学官的一套办法，使督学官置于地方

---

❶ 申时行，等.明会典（卷七八）[M].北京：中华书局，1989.

监察官员及吏部、礼部与都察院的多重监督之下。第二，视导人员极具权威性。天子的视学、幸学的权威性自不必说，学官督学的权威性也非常突出。在清朝，学政负责管理一省教育事务，督学官往往都由皇帝亲自选任，并给予"钦差大臣"的尊严和荣誉。同时，为确保学政清廉守正，实行"增俸养廉"政策。自乾隆元年起，省学政的养廉费就从 1500 两增加到了 4000 两。❶ 明清时期，督学官的地位及其对督学官的监督之所以如此严格，与他们监督地方官学贯彻统治者的办学宗旨，主持科试，为统治阶级选拔人才的具体职责密不可分。第三，视导活动的规范性不断加强。古代视学制度自隋唐时期已经发展完备，晚清政府实行教育改革，更是建立了系统的教育视导制度，颁布了《视学官章程》，从此让教育视导第一次有了明确的法律依据，不仅为此后我国相关教育法律的制定奠定了基础，而且视导活动的规范、程序性要求更加具体。

3. 视导传统对我国现代教育督导制度的深刻影响

我国历朝历代崇文重教的文化传统，不仅使我国督导制度的发展早于世界各国，深刻地影响着现有督导制度的形成，更重要的是为我们留下了可资借鉴的文化遗产，为完善中国特色教育督导制度提供了丰富的文化资本。第一，教育督导的督政职能更明显。中华人民共和国成立之初，教育督导就沿袭了"视学"为中央政府服务的传统，中央人民政府教育部明确规定当时的视导司的工作任务主要是检查各大行政区对于中央人民政府的各项教育政策、决议、指示的执行情况，具有很强的监督色彩。改革开放以后，在邓小平同志的支持下，教育督导开始恢复重建。1988 年 8 月，国务委员、国家教委主任李铁映同志批示："要加强执法监督，强化教育督导制度，不仅'督学'，而且要'督政'。当前国家教委督导工作的重点是对下级政府教育工作的督导。"再次明确了中国教育督导的职能定位。1988 年 12 月 10 日，何东昌同志在时任国务院总理李鹏主持的国务院编制委员会审议国家教委"三定"方案会议

❶ 石灯明.我国教育督导制度的发展历史及其经验教训 [J].当代教育论坛，2005（19）：5-9.

上，就督导问题提出："督导，是督导政府和学校，而不是督导教师"，进一步奠定了我国教育督导的基本方向，明显区别于美国以教师辅导见长的督导制度体系。作为中华人民共和国第一个关于教育督导制度的法规文件，1991年颁布的《教育督导暂行规定》（以下简称《暂行规定》）也鲜明地强调教育督导的本质属性是对教育工作的行政监督，统一和提高了各级政府、教育行政部门、学校对督导工作的认识。❶ 进入新世纪以来，教育公平的推进，更加离不开教育督导对各级地方政府落实中央相关精神指示的督促与检查。特别是 2003 年，国务院召开全国农村教育工作会议，并印发《国务院关于进一步加强农村教育工作的决定》。会议要求，要建立和完善对县级人民政府教育工作的督导评估机制，并将督导评估的结果作为考核领导干部政绩的重要依据。一方面，有力地调动了县级人民政府加强农村教育的主动性和积极性；另一方面，也进一步强化了教育督导的督政特征。又如，2012 年《教育督导条例》明确指出，"国务院教育督导机构和县级以上地方人民政府负责教育督导的机构在本级人民政府领导下独立行使督导职能"，明确了督导机构是人民政府的机构，进一步强调了督导机构的行政职能，为改变当前大多数教育督导机构只是教育行政部门内设机构、进一步提升教育督导的行政权威提供了法律依据。回顾发展历程，我们可以看出对下级人民政府落实教育法律、法规、规章和国家教育方针、政策的督导一直以来都是我国教育督导的核心内容。第二，督导机构建制与社会制度和教育制度高度统一。中国古代非常重视对官学的监督。官学又分为中央官学和地方官学，相应地其就形成古代帝王的视学制度和古代地方官学的视学制度。这种二级视学制度直到民国时期才得以彻底改变。1912 年中华民国南京临时政府成立，第二年教育部公布了《视学规程》，自此民国的视导制度得到逐步确立与发展，建立起了部、省、县三级视学网络。中华人民共和国成立后，经过近 70 年的努力，中国特色教育督导也形成中央、省、县、乡四级督导机构。回顾历史，督导在机构建制和设置

---

❶ 涂文涛. 教育督导新论 [M]. 北京：人民教育出版社，2015：57.

上深受当时的社会制度和教育制度的影响。当前，我国法律规定实行省、县、乡三级行政区划分，且不断增强中央集权，以集中力量办大事，凝聚共识实现伟大复兴。因此，教育督导机构建制也在社会制度的形构中形成了与之匹配的四级督导网络，其运行方式更加有助于中央政府对下属各级政府的履行教育职责、教育法律精神及全面贯彻党的教育方针的督导检查。第三，督导重视教育管理人员的作用发挥。在古代，天子视学更多的是对中央官学的一种巡视与检查。对于始建于汉武帝时代，规模大、数量多的地方官学，更长一段时间都没有相对独立的地方官学视学制度，清代以前地方官学的监督是与教育行政合二为一的，也就是说，教育监督是地方教育行政机构的职能之一。中华人民共和国成立以来，特别是教育督导制度恢复重建以来，教育监督职能有了独立的机构履职，但是教育管理人员专兼职督学情况非常普遍，原因之一是教育督导事业发展迫切需要大量的督导人员，管理人员兼职或者聘任退休的教育管理人员发挥余热，是最为经济高效的途径之一。1978 年年初，为贯彻落实邓小平同志的指示，在时任副总理王震的推荐下，王季青、苏灵扬、姚文、杨滨四位老同志到教育部任视导员，由教育部长直接领导。这恐怕是中华人民共和国成立以来最早的督学人员，其均有教育管理经历。王季青是北京市西城区第八女子中学的老校长；苏灵扬曾任延安鲁迅一书学院副院长；杨滨是北京四中校长，被誉为"北京中学四大校长之一"。为加强督学队伍建设，1989 年 2 月 22 日，原国家机构编制委员会印发《国家教育委员会、国家语言文字工作委员会"三定"方案》，并任命卓晴君同志为副总督学，列席党组会议，以强化基础教育督导工作的重要性，并赋予总督学与省长对话的资格。1991 年 12 月，国家教委制定了《国家教育委员会督学聘任暂行办法》，明确规定督学必须具有"行政机关副厅级及以上，或具有中小学特级教师称号，高等学校和科研机构等正高级专业技术职务"。目前，我国已经拥有一支数量规模庞大的督导队伍，调查显示，兼职督学中退休人员退休前的身份一半以上为学校校级领导。❶教育管理人员履职督导或者兼职督导，这在一定程度上缓解了督学队伍数量少、任务重的矛盾，为中国教育督导事业发展发挥了重要作用。同时，也客观上强化了我国教育督导长于督政弱于督学的特点。

8.2.2 我国现代教育督导评估制度的发展历史

我国现代教育督导评估观念和制度的形成和演化，是在封建的教育制度、思想和行政管理制度的基础上，部分地学习、吸收国外先进的行政管理制度和督导制度，特别是学习和吸收当时日本的教育督导观念与制度的结果。1906 年，清政府在学部设"视学官"，1931 年民国政府颁布《视学章程》，标志着中国近代教育督导制度的产生和形成。❷中华人民共和国成立后，学部改为教育部，遂在部内特设主持全国视学的专门机构和人员，各省也均设立视学或督学。❸教育督导经过了 20 世纪 50 年代的重视，以及此后的曲折。1990 年，国家教育委员会颁布的《普通高等学校教育评估暂行规定》提出要建立包括合格评估、办学水平评估和选优评估的高等教育评估体系，这是中国关于教育评估的第一个部门性规章。随后，1991 年国家教委颁布《教育督导暂行规定》，标志着社会主义中国的现代教育督导进入了一个新的历史发展阶段。❹至此，教育督导评估制度经过更加完备的制度建设，取得了更加专业和权威的地位，在我国教育事业快速发展取得巨大成绩的过程中起到了极为重要的作用。

1. 现代教育督导评估制度的发展回顾

1994 年 4 月 6 日，国家教委印发《关于建立国家教育督导团的通知》，明确国家教育督导团在国家教育委员会党组领导下行使国务院赋予国家教育委

---

❶ 高山艳. 新时代教育督导队伍专业化诉求问题与对策 [J]. 当代教育科学，2018（11）.
❷ 孙惠利. 关于中国现行教育督导制度的评价与建议 [J]. 中共郑州市委党校学报，2005（4）.
❸ 金强，马淑芳. 发挥集团内部督导职能推动教育优质均衡发展 [J]. 中国教育学刊，2018（2）.
❹ 孙惠利. 关于中国现行教育督导制度的评价与建议 [J]. 中共郑州市委党校学报，2005（4）.

员会的教育督导职权，国家教育督导团由总督学、副总督学及国家督学组成，国家教育委员会设国家教育督导团办公室，工作上独立运转，负责督导团的日常工作。

1995 年的《中华人民共和国教育法》（以下简称 95 版《教育法》）明确规定："国家实行教育督导制度和学校及其他教育机构教育评估制度。"这是教育评估制度这一词语和说法在法律层面的首次"登台"，预示着教育评估制度被正式纳入法治轨道。

1997 年 2 月 27 日，国家教委印发《普通中小学校督导评估工作指导纲要（修订稿）》，要求 1998 年前在全国范围内全面推行对中小学校进行督导评估的制度。

1999 年 8 月 20 日，教育部印发《关于加强教育督导与评估工作的意见》，对加强教育督导与评估工作的重要性、教育督导与评估工作的性质、督导机构的职责、教育督导与评估制度建设，以及如何加强和改善教育督导与评估工作的领导、充分发挥督学的作用等问题提出了指导性意见。

2001 年 9 月 8 日，国家教育督导团印发《关于加强基础教育督导工作的意见》，从 5 个方面提出了 25 条意见："确立教育督导在基础教育改革与发展中的重要地位，进一步明确基础教育督导工作的指导思想""继续加强对普及九年义务教育工作的督导评估，推动基础教育事业持续发展""开展专项督导检查，促进基础教育热点难点问题的解决""建立符合素质教育要求的督导评估机制，保障素质教育顺利实施"及"加强领导，完善督导机构、队伍和法治建设"。

2004 年 1 月 17 日，国务院办公厅转发教育部《关于建立对县级人民政府教育工作进行督导评估制度的意见》（以下简称《意见》）。《意见》提出：建立对县级人民政府教育工作进行督导评估制度的必要性、督导评估的组织实施、督导评估的主要内容、督导评估的工作原则和程序以及切实加强对督导评估工作的领导。

2005 年 7 月 20 日，教育部办公厅印发《关于加强专项督导检查管理的意见》，提出：为规范专项督导检查程序，加强对专项督导检查工作的管理，从立项、自查、督查准备、实施督查到结果处理等方面提出意见。

2006 年 3 月 10 日，国家教育督导团印发《关于印发〈国家教育督导报告2005〉的通知》，决定从 2006 年起发布《国家教育督导报告》并形成制度。

2010 年出台的《教育规划纲要》正式拉开了中国教育监测评估制度快速发展的序幕。与《教育发展纲要》相比，《教育规划纲要》对有关教育评估制度、教育督导制度及相关事务的规划和安排更为详细和具体。概括起来，《教育规划纲要》对有关教育评估和教育督导的规划涉及教育监测评估制度结构中的制度依据、适用对象、实施主体、主要任务和内容、实施方式、实施人员与机构、评估监测信息化、结果使用等所有要素。如此详尽的安排，在之前的教育法律法规和部门规章中是没有的。

2012 年 1 月 20 日，教育部印发《县域义务教育均衡发展督导评估暂行办法》，决定建立县域义务教育均衡发展督导评估制度，开展对义务教育发展基本均衡县（含不设区的市、市辖区和国家划定的其他县级行政区划单位）的督导检查和评估认定工作。2 月 12 日，教育部印发《学前教育督导评估暂行办法》。5 月 4 日，教育部印发《关于加强督学责任区建设的意见》，对督学责任区的设立原则和职能、责任区督学的工作任务和要求等做出明确规定，对全国开展督学责任区建设工作提出明确要求。8 月 26 日，国务院办公厅印发《关于成立国务院教育督导委员会的通知》，决定成立国务院教育督导委员会，明确主要职责及组成人员。其中，国务委员刘延东担任主任，教育部部长袁贵仁、国务院副秘书长江小涓担任副主任，委员由发改委、教育部、科技部、公安部、监察部、财政部、人社部、住建部、卫生部及审计署组成。国务院教育督导委员会办公室设在教育部，承担委员会日常工作。9 月 5 日，教育部印发《关于进一步加强中小学校督导评估工作的意见》，对学校督导评估的总体要求、学校科学管理和内容发展的主要内容等作出明确规定，提出要充分发挥督导评估的监督指导作用，提高督导评估工作水平。9 月 9 日，中华人民共和国国务院令第 624 号公布《教育督导条例》，自 10 月 1 日起施行。《教育督导条例》对督导内容、原则、督学、督导的实施、法律责任等作出明确规定，旨在保证教育法律、法规、规章和国家教育方针、政策的贯彻执行，实施素质教育，提高教育质量，促进教育公平，推动教育事业科学发展。2012 年堪称中国教育督导史上最为重要和光辉的一年。

2013 年 9 月 17 日，国务院教育督导委员会办公室印发《中小学校责任督学挂牌督导办法》，对责任督学的聘任、基本职责、督导事项等作出明确规定，对全国开展中小学校责任督学挂牌督导工作提出明确要求。12 月 18 日，国务院教育督导委员会办公室印发《中小学校责任督学挂牌督导规程》和《中小学校责任督学工作守则》。

2014 年 2 月 7 日，国务院教育督导委员会办公室印发《深化教育督导改革转变教育管理方式的意见》（简称《深化督导改革意见》），提出：建立督促地方政府依法履行教育职责的督政机制、指导各级各类学校规范办学提高教育质量的督学体制、科学评价教育教学质量的评估监测体系，形成督政、督学、评估监测三位一体的教育督导体系。并明确界定督政、督学和监测评估三者之间的分工和合作关系。"督政的对象是地方政府，内容是政府对教育事务的职责履行情况；督学的对象是学校，内容是办学的规范性和教育质量的提升情况；教育评估监测的对象是学校和学习者，评估的客体是教育教学质量。教育评估监测是开展督政和督学的前提和基础。"❶ 与此同时，教育督导的范围也由偏重于基础教育领域拓展到其他各级各类教育。

2016 年 7 月 29 日，教育部印发《督学管理暂行办法》，对督学的聘任、责权、监管、培训、考核等作出明确规定，提出要建设一支高水平、专业化、适应教育督导工作新形势的督学队伍。

2017 年 4 月 19 日，教育部印发《县域义务教育优质均衡发展督导评估办

---

❶ 韩映雄，李超 . 中国教育监测评估制度的内涵与变迁 [J]. 现代大学教育，2022（4）.

法》，对评估内容与标准、评估程序、评估结果等作出明确规定，对在全国开展县域义务教育优质均衡发展督导评估工作提出明确要求。5 月 31 日，国务院办公厅印发《对省级人民政府履行教育职责的评价办法》，对评价的内容、评价的实施、评价结果的运用等作出明确规定，对在全国开展对省级人民政府履行教育职责评价工作提出明确要求。

2018 年 2 月 12 日，国务院教育督导委员会办公室印发《〈对省级人民政府履行教育职责的评价办法〉实施细则》。3 月 2 日，国务院教育督导委员会办公室印发《关于开展对省级人民政府 2017 年度履行教育职责情况评价的通知》。国务院教育督导委员会办公室首次开展了对 31 个省（区、市）人民政府及新疆生产建设兵团 2017 年履行教育职责情况评价工作。

2020 年 2 月 14 日，中共中央办公厅、国务院办公厅印发《关于深化新时代教育督导体制机制改革的意见》，提出：到 2022 年，基本建成全面覆盖、运转高效、结果权威、问责有力的中国特色社会主义教育督导体制机制。

2021 年 7 月 20 日，国务院教育督导委员会印发《教育督导问责办法》。

2. 举国体制赋予我国教育督导极强的督政特色

教育督导制度与一个国家的政治组织形式和管理方式密切相关。从实践逻辑看，我国举国体制所展现的无与伦比的高效性和优越性对于我国教育督导评估制度的建立和完善影响深远。第一，举国体制丰富了教育督导的组织形式。回顾我国以教育行政力量督促教育事业发展，有以下三种不同的组织运行方式，共同发挥着教育督导作用。但无论哪种形式，都有很重的自上而下的举国推进痕迹，且都发挥了非常重要的积极作用。一是人大执法检查和国务院督查室的教育督导。自《监督法》实施以来，在将近 40 多年的时间里，各级人大进行了积极有效的探索和实践，有效地推动了全国各行各业法律方案的完善和有效实施。在中国人大网（www.npc.gov.cn），同时输入"教育"和"执法检查"两个关键词，结果显示，自 21 世纪以来，全国人大常委会对《中华人民共和国义务教育法》的执法检查有 4 次，对《中华人民共和国职业教育法》《中华人民共和国高等教育法》的执法检查各有 1 次。这些全国性的教育执法大检查直接推动了我国教育法律体系的完善和法律法规的贯彻落实。另一方面，国务院办公厅督查室有关的教育督查，如对教育乱收费等问题的督查，也对教育领域产生了极强的震慑作用，有效地维护和营造了良好的教育生态。二是国务院教育督导委员会的教育督导。为贯彻落实《国家中长期教育改革和发展规划纲要（2010—2020 年）》（以下简称《教育规划纲要》），进一步健全我国教育督导体制，2012 年，国务院决定成立国务院教育督导委员会，重点对 31 个省（区、市）人民政府及新疆生产建设兵团履行教育职责情况进行督导和评估，切实增强了教育督导的权威性。三是教育行政部门的四级督导。1986 年 10 月，国务院批准教育部视导室更名为国家教委督导司，这标志着我国的教育督导制度正式恢复和重新建立。1991 年 4 月 26 日，国务委员、国家教委主任李铁映签署国家教育委员会第 15 号令，颁布《暂行规定》，初步奠定了中国教育督导制度的基础。1999 年 8 月教育部下发《关于加强教育督导与评估工作的意见》，提出 "各级政府和教育行政部门要进一步加强教育督导机构和队伍建设，争取经过几年的努力，从中央到地方初步形成教育督导的法规体系和依法督导的工作程序"。经过几十年的发展，全面系统的中央、省、市、县四级教育督导网络基本形成，督导任务之一就是对下一级人民政府履行教育职责的督导与评价，切实确保了督导利剑作用的充分发挥和全面覆盖。第二，举国体制加快了教育督导的发展速度。举国体制意味着步调一致，只要中央重视就能得到快速发展、快速推进，取得显著成效。如进入新世纪，教育督导深受国家重视，特别是紧随《教育规划纲要》颁布出台的《教育督导条例》，使我国教育督导制度完善与组织建设取得了里程碑式的突破，教育督导从此被提升到 "国家级" 层面 ❶，至此中国特色教育督导

---

❶ 田祖荫. 共和国 70 年教育督导的五个精彩瞬间 [EB/OL]. （2020-02-20）[2023-07-26]. https : //www. eol. cn/news/yaowen/202002/t20200220_ 1712883.shtml.

制度建设得到快速发展。据不完全统计，2010—2019 年共发布与教育督导相关的文件有 49 个。从单年度发布的文件数量看，2017 年发布的文件数量最多，为 9 个，其次是 2015 年和 2019 年，均为 7 个，2012 年 6 个，2016 年和2018 年各 5 个。从内容上看，涉及教育督导的专项规定、督导体制机制改革规定以及督导工作的规定等方面。2020 年 2 月，中共中央办公厅、国务院办公厅共同出台了《关于深化新时代教育督导体制机制改革的意见》（以下简称《意见》），为教育督导通往 2.0 指明了路径，中国特色教育督导事业迎来了新的发展机遇期。这样的发展速度在世界上都是罕见的。第三，举国体制提高了教育督导的实际效能。以两基攻坚为例，从 1992 年开始，我们用了近八年的时间，全国实现"两基"人口地区达到 85%，实现了党的十四大提出的 20 世纪末"两基"规划目标；在用了不到十二年的时间，采取中央集中投入、全国分步达标的原则，打赢了占全国人口 15%、未实现"两基"的贫困地区"两基"攻坚战。"两基"目标的全面实现，举国推进式的中国特色教育督导功不可没，在 2012 年全国"两基"表彰大会上，教育督导战线许多机构和个人获得了国家表彰。又如，2012 年，党中央提出到 2020 年义务教育实现基本均衡的战略部署，教育督导又一次发挥了不可替代的督促推动作用，成立督导团，以全国检查的形式，代表中央行使绝对权威，有效督促了全国各地各级人民政府坚持将义务教育基本均衡作为教育工作的重中之重，全面高效推进义务教育均衡发展。截至目前，已有 26 个省、占全国 96.8% 的区县通过了国家验收，达到了义务教育基本均衡的指标要求，这对于中国教育事业、对于促进教育公平而言又是一个伟大的成绩。

纵观我国教育督导评估制度的发展，其在促进教育公平、控制和提升教育质量中扮演着重要作用，并且随着督导评估制度的完备以及运行机制的不断健全，其对教育质量保障的作用越来越明显。其中，质量控制能力所强调的是督导评估确保学校遵守国家的既定制度，如是否贯彻党的教育方针、是否全面贯彻素质教育、是否依法依规办学等。与此同时，教育督导机构和教育督导队伍也不断完善和壮大。1998 年，教育督导团办公室成为教育部十八个职能司（厅、室）之一，基本形成在全国各级行政区范围内的督导系统。"相关研究显示，教育督导评估制度发展至 2012 年，全国、各省市及其管辖的县级市设置的教育督导机构高达二千多个，其中具有人民政府称谓的占82.7%。"❶ 同时，教育评估作为一种保障教育质量的手段和制度逐渐从高等教育扩展到其他学段，从高等学校办学水平评估延伸到学科、专业和课程等多个领域，逐渐形成了覆盖多学段、多领域、多内容的教育评估体系。督导和评估一体化的趋势愈加明显。未来，如何增强教育督导评估的权威性，还需要继续依赖举国体制的优越性加强学科建设培养督导评估人才，还需要依赖举国体制的优越性推动大量教研队伍职能转变以发挥督导的补充作用，切实提高教育督导评估的科学性水平。

8.2.3　当前我国督导评估实践中的主要问题

督导评估是基础教育质量保障机制的重要组成部分，也是保障基础教育质量的重要制度安排。其存在的问题，不仅制约着基础教育的高质量发展，更是基础教育高质量发展的最大障碍，亟需破解。

1. 教育督导机构的独立性和权威性亟须提高 ❷

目前，我国的许多教育督导机构挂靠在教育行政主管部门之下，受教育主管部门的支配领导，这种依附关系使教育督导部门在对教育工作进行督导、检查、评估、指导时没有足够的底气和政治支持，在处理一些复杂问题时常常需要考虑各方面错综复杂的关系，大大延长了解决问题的时间，往往还不能彻底的解决问题，长此以往，使我国的教育事业积攒了很多遗留问题。

---

❶ 刘梦薇，王瑜，张军建，等. 我国教育督导制的发展历程及现状 [J]. 民族高等教育研究，2020（8）.
❷ 同 ❶。

2. 教育督导人员专业化建设有待加强

就目前我国的现状来看，我国的教育督导队伍存在以下问题[1]：一是教育督导队伍的构成人员复杂。既有以政府人员为代表的专职人员，也有由教育行政部门组织的退休人员构成的兼职人员。二是教育督导队伍专业化程度不高。我国没有确立规范化、系统化的教育督导培训体系及考核制度，这在很大程度上造成了我国教育督导从业人员的不专业化。三是教育督导人员结构不合理。一些督导人员年龄偏大，对于督导工作的热情不高，个别县市的教育督导机构甚至成为教育行政部门内部人员的"养老机构"，不利于当地教育事业的发展和进步。最后，有研究调查发现[2]，教育督导评估人员向学校教师提出的建议实用度并不高，往往只是"套话""片面话"，不能抓住突出问题和给出有效解决建议，没有对教师面临的教育教学难题作出最有实际解决意义的指导；其督导工作没有把重心放在教与学上，对促进教师的专业发展、教学技能提升和学生的综合素质发展重视不够。

3. 教育督导评估体系单一

统一的评估指标体系更适用于对教育客观条件的评估，如学校规模、硬件设施、经费的分配、教师的专业化发展等。随着高质量发展的要求，统一的评估指标体系容易导致教育督导不重视被督导单位的内外部环境特点，忽视了被督导单位的客观差异性，使教育督导工作流于表面化，不利于对不同条件的学校进行差异性评估，因地制宜提出有针对性的建设意见。

4. 教育督导评估方式方法传统

对教育督导人员在学校开展督导评估主要途径的调查显示[3]，被调查者选

---

[1] 高山艳，杜文平. 新时代十年职业教育督导评价制度建设成效、现实困境及优化路径 [J]. 当代职业教育，2023（1）.

[2] 孙刚成，杨晨美子. 教育督导评估现存问题的调查分析及改进建议 [J]. 上海教育评估研究，2021（6）.

[3] 同[2].

择最多的是查阅档案资料、随机听课、座谈会、听汇报及查阅学生作业。由此可以看出，教育督导评估工作的信息采集方法较为传统，收集的信息比较片面。此外，教育督导评估工作的方法技术比较落后，其使用现代信息技术手段的力度还不够，在一些调查问卷和量化指标上还是以传统方式为主，这样不利于提高工作效率，也不利于减轻督导评估工作涉及双方的任务与压力。

5. 教育督导问责困难，问责机制需完善

我国的教育督导工作存在重监督、轻指导的倾向，发现问题而不解决问题，教育督导活动无法有效发挥作用。教育督导问责的实施力度不够，相比之下，督导工作更重视对学校的问责。同时，调查结果也显示 ❶，很少有教育督导人员由于工作的失误而依照法律规定接受问责，部分教育督导管理人员法律意识淡薄，相关法律法规没有在现实中对教育督导人员产生应有的约束效果。

6. 内在督导评估意识薄弱

当前，我国构建了完整的教育质量督导评估体系，但相比外在督导评估体系，各级各类学校自主质量保障意识远远不足。一些学校过于追求升学率和考试成绩等外在结果，忽视教育过程中的综合素质培养和学生全面发展。有些学校甚至尚未建立完善的质量保障体系，包括教学评估、师资培训、学生评估和跟踪等机制，导致无法有效地监测和提升教育质量。造成学校自身质量保障意识薄弱的原因是多方面的。评估结果与资源紧密挂钩，使得对政府拨款严重依赖的学校在直接利益的驱动下，盲目追求外在评估指标的达成，而忽视自身的努力程度以及基本条件，滋生诸多迎评怪象。同时，受强权威性的外部质量保障和评估认证的影响，学校对政府管理形成依赖，内部质量

---

❶ 高山艳，杜文平 . 新时代十年职业教育督导评价制度建设成效、现实困境及优化路径 [J]. 当代职业教育，2023（1）.

保障体系则机械地复刻外部质量保障的运行模式，缺乏对内部质量保障体系的本质、结构与功能的正确理解和深入认识，常态化内部质量保障体系建设停滞于"工具"层面，多元利益相关者表达其利益诉求的方式和途径有限，反馈意见渠道不畅，信息缺乏透明度，内部质量保障活动成效甚微。另一个重要原因是，在立法工作滞后、管办评分离法治保障的背景下，代表社会市场权益参与质量保障活动的第三方评估与监管机构权威性不足、专业性不够、公信力缺失问题严重，给学校自主开展评估工作带来的实际成效微弱。因此，强化各级各类学校内在督导评估，需要立足新发展阶段，顺应学校内部管理方式转型，调整资源分配方式，培育第三方评估机构，助力学校构建内部质量保障体系并提供专业化评估支撑。

8.3 强化督导评估，牵引质量保障机制改革

督导评估是质量保障的一种有效手段，也是质量保障机制构建的主要内容。把握当前质量保障机制发展的国内外趋势，不仅有助于完善质量保障机制，也有助于推动督导评估改革，更有助于通过改革强化督导评估牵引质量保障机制改革。

8.3.1 质量保障机制发展的国际趋势

质量保障机制在国际上呈现出一些共同的发展趋势，这些趋势反映了全球教育体系对于教育质量提升的共同关注和追求。

1. 质量保障机制建设更加重视质量标准

质量标准是衡量质量水平的依据，反映在教育质量保障中就是规定教育质量应达到的预期或最低标准。"标准化是各国在推进教育质量评估时都需面对的一个重要问题，澳大利亚自建立质量保障机制之始，便开始尝试通过内

外部质量保障的有机结合兼顾学校发展的标准化与多样化，此次的质量保障机制改革仍在作此努力。"❶

2. 外部质量保障机构强调独立

独立性问题涉及组织机构、运作过程、财务安排、评估决定、结果使用、信息公开等方面的角色关系。"独立性一方面要求评估在特定范围内免于外部的非法干预，同时也要求具体界定评估在这些方面到底具有怎样的自由。"❷《欧洲质量保障标准与准则》（简称"ESG"）第 3.6 条标准规定："机构应该独立到这样的一个程度：它们的运作具有自主责任，同时其报告中所做的结论与建议不能受到诸如高等院校、部委或其他利害相关人等第三方的影响。"亚太质量网络（简称"APQN"）标准 5"独立性"中规定："机构的报告中的判断和建议不能被第三方改变。""法定的、政治上的和财务的独立性是能否真正独立的关键要素。评估机构管理人员的选拔和任命权、政府拨款方式、购买评估服务的市场状况及有效地承担评估所必需的资源等，也都可能在不同程度上影响评估的独立性。"❸ 评估机构还需要在回应社会各方要求的同时，保证评估程序是规范的、评估决定是不受干扰的。

3. 健全学校内部质量保障机制

西方国家在院校内部质量保障机制建设方面已先行了一步。根据欧洲大学协会（European university association，EUA）2010 年 2 月至 4 月对 36 个国家的 222 所高等教育机构进行的一项网上调查 ❹，90% 有院校层级的质量保障战略性政策文件，其中 2/3 有单独的质量保障政策陈述，1/4 在战略性规划中有质量陈述；95% 建有校级信息系统；内部质量保障的组织结构则是多种多样的；过半数的机构有校级领导专门负责质量工作，成立校级质保单

❶ 金帷，杨娟，杨小燕 . 澳大利亚高等教育质量保障机制的变迁 [J]. 高教发展与评估，2015（2）.

❷ 袁益民 . "管办评分离" 改革与教育质量保障 [J]. 高教发展与评估，2016（1）.

❸❹同 ❷。

位，有校级层面的质量计划；在系级以上层面建立相关职责和配置质量保障人员的情况也占到一定的比例；57% 的机构是在 2000—2009 年之间建立质量保障体系的，27% 是在此前建立的。由此可见，1999 年提出欧洲开展质量保障合作和 2005 年建立欧洲质量保障标准是两个重要的时间节点。"应该看到，发达国家或地区的大多数高校均已建立了内部质量保障的程序。如阿姆斯特丹大学在学校、学部、学院 / 研究生院、专业和课程五个层面均采用了 PDCA 循环。也有一些高校建立了具有自己个性的质量环路，如香港科技大学。"❶

4. 强化保障机制中的问责

作为当前教育政策讨论中的关键概念之一，问责正影响着各国旨在保障与提升教育质量的改革进程。建构以质量为本的教育问责体系，已成为全球教育发展中的一项重要制度安排。"当前的教育政策实践中出现了基于结果与过程的两类质量保障议论，它们均以问责为核心理念。其一为质量运动，其二为质量辩论。在英、美、澳等国，质量运动是一种更为明显的趋势。其中强调标准的建立，通过市场选择、绩效报酬、升职等形式，将获得某种质量'结果'的机构或个人同未果者区分开来，并给予相应的奖惩。由此形成的表现式问责与市场问责，正在教育改革中占据主导位置。"❷

5. 重视利益相关者对质量保障的监督作用

发达国家的教育质量保障体系中均有质量保障机构的参与，主要包括政府部门和第三方独立机构，学校内部也会形成专门的质量管理部门负责学校办学质量。不同的质量保障机构由政府、行业企业、院校等不同的利益相关者组成，构建了多元主体共同参与教育质量保障的合作机制。如英国教育标准局（Ofsted）是由督学和行政管理人员组成的独立的、公正的第三方评估

❶ 袁益民 ."管办评分离"改革与教育质量保障 [J]. 高教发展与评估，2016（1）.
❷ 王丽佳 . 教育质量保障视域中的问责网络建构：理据、实践与优化进路 [J]. 复旦教育论坛，2014（5）.

机构；美国社区学院管理实行董事会制，有行业企业代表、社区代表参加，其目的在于充分发挥社会力量在保障教育质量中的作用。"不同利益相关者明确自己的权力与责任，采取分工合作制度，基于自身利益从不同维度监督教育质量，从而有效地整体保障教育质量。其中，政府负责政策制定，进行宏观调控；行业企业负责教育经费资助、资格认证等；学校负责教育教学，落实人才培养制度。"❶

6. 确定立法在质量保障体系中的重要地位

将教育质量保障的要求和机制写入法律，是为了强化国家对教育质量的监管和管理，明确相关责任和义务，保障教育质量的提升和可持续发展。比如，芬兰制定了《教育法》，明确了国家对教育质量的要求和保障措施。芬兰教育部门制定了教育标准和指南，明确了学校和教育机构在教学质量、教师素质、学生评估等方面的要求。这些标准和指南对于教育质量保障具有指导作用。芬兰还建立了全面的教育质量评估体系，包括学生学业水平评估、教师评估、学校评估等。评估结果被用于制定教育政策、改进教学和提高教育质量。通过这些措施，芬兰强化了教育质量保障的法律地位，确保教育质量保障工作得到有效开展。这些做法也使得芬兰教育质量保障系统在国际上备受瞩目，成为一个成功的发达国家教育质量保障的榜样。

8.3.2　督导评估牵引质量保障机制改革的具体表现

综上所述，督导评估与质量保障有密切的关系，更是质量保障机制完善的主要方面。这部分我们将重点分析督导评估是怎么影响和牵引质量保障机制改革的。

---

❶ 周彩霞，贺艳芳. 比较视域下职业教育质量保障的国际经验与启示——基于对德国、英国、美国的分析 [J]. 职业技术教育，2021（34）.

1. 督导评估决定了质量保障机制的目的与方向

督导评估的目的是发现、改进不足，最终提升教育质量。基于我国教育质量内外部评估关系的不协调问题，可以构建"内部诊改为基础"和"外部问责为手段"的评估模式。❶一方面，落实学校办学主体地位，引导学校内部自主形成"评估—诊断—改进"的质量保障体系。另一方面，建立常态化的外部质量问责机制，将评估结果作为奖惩的重要依据。如对评估结果达到质量要求的学校给予绩效奖励；反之，要求需要改进的学校提交限期整改计划，从而实现教育高质量发展。

2. 督导评估报告促进质量保障机制完善与更新

随着决策科学化、理性化的不断推进，基础教育质量监测体系应在推动政策形成与改进的过程中发挥更大作用。"根据金登的框架，需通过监测发现教育问题，建立渠道促进问题得到政策制定者关注，并进入政策议程，汇入问题源流；参与政策共同体，对政策相关的思想进行总结、建议、宣讲、修正与选择，汇入政策源流；了解和剖析公众情绪、压力集团间的竞争等，汇入政治源流；还应监测和促成三股源流的汇聚，在打开的'政策之窗'中讨论教育公共问题，并为教育政策的进程提供充足、科学的证据。"❷

3. 督导评估促进保障责任主体履责

通常情况下，建构良好的问责制可以对学校教育质量的提升发挥积极的作用。首先，体现为一种外部的督促。通过问责，社会大众或政府机关能够督导教育的改善。此种作用发挥的机制是与问责相关的各种举措，如削减经费等联系在一起的。由此，面临各种源自外部的压力，学校人员将被迫肩负起公众与政府期待的教育发展责任。其次，问责也可能转化为学校内部的自

---

❶ 周彩霞，贺艳芳. 比较视域下职业教育质量保障的国际经验与启示——基于对德国、英国、美国的分析 [J]. 职业技术教育，2021（34）.

❷ 辛涛，赵茜. 基础教育质量监测评价体系的取向、结构与保障 [J]. 国家教育行政学院学报，2020（9）.

我质量监控与改善要求。通过外部监督及问责，学校可以更好地把握自身的优势和问题，主动采取措施解决问题，以保证学生在一种高支持的学习环境中受到良好教育，并降低运用有害教育方式的可能性。最后，问责中的民主参与，为保障教育质量之合力的形成提供了基础。民主参与是教育问责的重要基础，它能够汇聚各方利益相关者的智慧和力量，形成共同的合力，推动教育质量的提高和教育体系的不断完善。只有在广泛的民主参与下，教育质量问责才能更加有效和持久。"值得注意的是，责任在很大程度上支撑着问责作用的发挥。这是因为，问责的前提即是有责可问，这意味着相应的责任主体、内容、履行方式等均是明晰的，同时在最后的责任追究阶段，也是建立在被问责方是否承担责任的基础之上。正是通过这样的过程，基于问责促使行动者承担相应责任的目标方可达成。因此，问责可在一定程度上被理解为责任的一部分，即没有责任的承担，便很难有问责。"❶

4. 督导评估发挥信息反馈作用

督导评估在日常工作中掌握大量第一线材料，经分析、归纳、整理提出的意见和建议将成为学校进行教学、管理决策的重要依据。❷ 例如，专题教学督导是一种新的督导模式，其核心组成是教学质量信息反馈系统。"这个信息反馈系统首先是一个信息系统，具有信息收集、信息处理和信息传递的功能。其次是一个反馈系统，即把来自不同对象、不同渠道的有关教学质量的信息反馈给教学管理决策部门，以便对教学质量各执行环节实施有效的监督和控制。从这个角度而言，教学质量信息反馈系统也是教学质量保障系统的一个子系统。"❸

---

❶ 王丽佳. 教育质量保障视域中的问责网络建构：理据、实践与优化进路 [J]. 复旦教育论坛，2014（5）.

❷ 魏茂全. 发挥督导职能构建成人高教质量保障体系 [J]. 中国成人教育，2008（5）.

❸ 刘智运. 进一步完善教学督导机制 [J]. 中国高教研究，2003（2）.

5. 督导评估发挥鉴定激励作用

在督导评估中，评估督导团在综合各方面情况意见、各方面因素后，应为被评估对象作出准确、公正、全面的评价，确定所处等级，并按照等级进行奖励和分配资源。以有关教师的督导评估为例，"对于优等教师在评定职称方面可做优先条件或破格评定，在奖金或讲课费方面可优厚给付，对被评定为较差的教师，应指出其不足，限期提高，暂缓评职。对被评定为不合格的教师，应劝其改做其他工作。通过把教学质量与评职称、劳动报酬挂钩的措施，可以有效地调动教师的教学积极性，鼓励他们重视教学工作，搞好教学工作，研究教学方法，努力上好每一节课，从而才能保证教学质量，并培养出高素质、高知识水平的复合型人才"❶。

8.3.3 牵引质量保障机制改革的督导评估

纵观世界各国，质量保障机制改革呈现出加强立法、注重标准制定、强调利益相关者参与及重视结果问责等特点。为顺应质量保障机制改革的国际趋势，我国督导评估改革也应着重凸显以下内容。

1. 强化问责，保障教育督导评估职能落在实处

一是明确教育督导问责的内容和标准，准确定位教育督导问责的职能。相关部门应当完善和补充《教育督导条例》，以法律法规的形式明确教育督导问责的内容，以确保对学校和教育机构进行客观、公正、一致的评估和问责。这些标准可以涵盖学生学习成果、教师教学水平、学校管理质量等方面。二是规范教育问责机构的结构体系。"教育督导机构在行使职权的过程中一直未获得权威性的处置权，只能提出解决相应问题的建议，导致教育督导缺乏刚性的制约力和权威性，督导机构的地位和督导结果的使用实际上处于相对软

---

❶ 姚天瑞. 谈成人高等教育教学督导机制的建立 [J]. 中国成人教育，2001（1）.

弱无力的状态。"❶建立包含问责主体、客体、内容、程序、责任、问责形式等
重要方面的教育督导问责结构体系，是完善教育问责的重要环节。因此，我
们要完善相应的法律法规，给予教育督导最大化的法律支持。

2. 推进教育督导信息化建设，助力教育督导评估"提质增效"

信息化建设可以使得教育督导工作更加高效、精确，为教育质量保障提
供更多数据支持，促进教育评估的科学化和精细化。同时，信息化建设还可
以增加教育督导的透明度，提高对教育工作的监督和公众的信任。一是设立
一个集成各类教育数据的信息化平台，包括学生学业水平、教师教学水平、
学校管理情况等，实现数据信息资源云端共享。在教育督导中构建大数据信
息平台，既可以透视督导工作的科学性和全面性，又可以透析被督导对象的
实际情况，进而作出有效的教育教学评估监测和指导。二是引入 VR 技术，
破解教育督导难题。"乡村学校多处于偏远地区，信息不通畅、交通不便利，
给教育部门的实地督导带来了不小的困难。因此，利用 VR 技术可以突破时
空限制，能够对教育督导深入乡村学校、推进城乡教育均衡发展起到良好的
作用。"❷同时，利用 VR 技术进行课堂教学督导，可以降低对教师课堂教学的
干扰。随机进课堂听课是教育督导评估工作的重要途径，有助于督学深入考
察课堂教学情况，VR 技术具备的仿真和沉浸式体验能够使教育督导人员在不
干扰教师正常教学下进行听课，以获得课堂教学的真实情况。三是加强培训，
提高督导人员的现代信息技术应用能力。这是推进教育督导信息化建设的关
键一环。针对督导人员的工作需要，开设专门的培训课程，培养其在信息技
术应用方面的专业知识和技能。课程可以涵盖信息化工具的使用、数据分析、
教育数据挖掘等内容。同时，为督导人员设立信息技术支持团队，提供技术
支持和咨询服务。这样可以让督导人员在工作中得到及时的帮助和指导。

❶ 高山艳，杜文平 . 新时代十年职业教育督导评价制度建设成效、现实困境及优化路径 [J]. 当代职业
教育，2023（1）.
❷ 孙刚成，杨晨美子 . 教育督导评估现存问题的调查分析及改进建议 [J]. 上海教育评估研究，2021（6）.

3.明确督导评估的重要内容，加快教育质量保障机制构建的步伐

人、财、物、技术是教育质量保障的关键内容。要加快教育质量保障机制构建，教育督导评估必须聚焦人才培养质量、教育经费使用效益、教育评价数字化转型以及夯实教育优先发展基础等方面开展专项督导。以督导问责的形式，增强教育质量保障的力度。一是加强人才培养质量的督导。通过加强人才培养质量的督导，可以促进教育体系的持续改进和发展，提高学生的学习能力和综合素质，培养更多具有创新精神和适应能力的优秀人才。督导工作应该与教育质量保障相结合，形成完整的质量管理体系，确保人才培养质量得到有效提升。二是加强教育经费使用效益的督导。定期对教育经费使用情况进行评估，包括教育资源的配置、经费支出情况等。评估结果可以为改进经费使用提供参考。除了内部督导，可以引入外部审计机构进行教育经费的审计和评估。外部审计可以提供独立、客观的意见。设立激励机制，对节约使用教育经费、提高经费使用效益的学校和个人进行奖励和表彰。通过加强教育经费使用效益的督导，可以有效地提高教育资源的利用效率，优化教育资源配置，提高教育质量。三是加强教育评价数字化转型的督导。加强教育评价数字化转型的督导是确保教育评价工作在数字化转型过程中有效、顺利推进的关键措施。数字化转型可以提高评价工作的效率、准确性和科学性，同时为教育决策提供更多的数据支持。定期对数字化转型的工作进行评估，包括数字化工具的使用情况、效果评估等。督导机构应该将数字化转型的结果及时反馈给教育评价相关工作人员，提供改进意见和建议。数字化转型的成功需要督导机构与教育评价部门的密切合作，形成共识和配合，共同推动数字化转型的顺利进行。四是加强教育优先发展的专项督导。加强教育优先发展的专项督导是确保教育领域优先发展战略有效实施的关键措施。在教育优先发展的背景下，专项督导将有助于优化资源配置、提高教育质量，推动教育体系的整体发展。

4. 优化督导评估机制，使之成为教育质量保障机制的重要组成部分

优化教育督导评估机制可以更加科学和全面地评估教育质量，为教育质量保障机制的变革和提升提供有效的支持和推动。一是优化教育督导评估机制，应该考虑引入多维度的评估指标，涵盖学生学业水平、教师教学能力、学校管理水平等。这样可以更全面地评估教育质量。二是优化督导评估机制，应该加强对学生学习成果的评估，以学生的实际学习效果为重要依据，而仅仅关注教学过程。将定量和定性评估方法相结合，定量评估可以提供数据支持，定性评估可以深入了解实际情况，形成综合的评估结果。三是优化督导评估机制，应该充分考虑学生、家长和社会的反馈意见，增加多方参与，提高评估的公正性和民主性。四是优化督导评估机制，应该建立激励和惩罚机制，对教育质量保障工作取得显著成绩的进行奖励，对工作不到位的进行督促和改进。

参考文献

[1] 埃利奥特 W. 艾斯纳 . 教育想象——学校课程设计与评价 [M]. 李雁冰，译 . 北京：教育科学出版社，2008.

[2] 白彦茹 . 论英国中小学课程改革与发展 [J]. 外国教育研究，2004（3）.

[3] 贝磊 . "影子教育"之全球扩张:教育公平、质量、发展中的利弊谈 [J]. 比较教育研究，2012（2）.

[4] 贝磊 . 欧洲地区影子教育研究:发展态势、动因及政策启示 [J]. 全球教育展望，2020(2).

[5] 边新灿，韩月 . 论高考改革作为一种教育评价改革 [J]. 中国高教研究，2021（4）.

[6] 边新灿，蒋丽君，雷炜 . 论新高考改革的价值取向与两难抉择 [J]. 中国高教研究，2017（4）.

[7] 边玉芳，林志红 . 增值评价：一种绿色升学率理念下的学校评价模式 [J]. 北京师范大学学报（社会科学版），2007（6）.

[8] 陈宝生 . 建设高质量教育体系 [N]. 光明日报，2020-11-10.

[9] 陈彬 . 论中国高等教育评价未来发展的五大走向 [J]. 教育研究与实验，2009（2）.

[10] 陈静 . 基于社会信任的研究生教育第三方评价机构公信力建设研究 [J]. 学位与研究生教育，2016（7）.

[11] 程红艳，罗艳华 . 攻坚期基础教育改革阻滞与突围 [J]. 社会科学战线，2023（1）.

[12] 程燕林，张娓 . 第三方评价在中国：特征、类型与发展策略 [J]. 中国科技论坛，2022（9）.

[13] 程宇 . 中英职业教育质量观：借鉴与交流 [J]. 职业技术教育，2012（21）.

[14] 楚松松 . 新高考背景下高中地理教学中职业生涯规划教育的渗透策略 [D]. 西安 : 陕西师范大学，2018.

[15] 褚宏启 . 教育治理 : 以共治求善治 [J]. 教育研究，2014（10）.

[16] 董有志 . 对高等院校评价认证机构的认可的比较研究——以美国、日本、荷兰和德国为例 [D]. 上海 : 华东师范大学，2010.

[17] 樊丽芳，乔志宏 . 新高考改革倒逼高中强化生涯教育 [J]. 中国教育学刊，2017，287（3）.

[18] 冯虹，刘国飞 . 第三方教育评价及其实施策略 [J]. 教育科学研究，2016（3）.

[19] 改革开放 30 年中国教育改革与发展课题组 . 教育大国的崛起(1978—2008)[M]. 北京 : 教育科学出版社，2008.

[20] 高等专门学校机关别认证评价委员会 [EB/OL].（2017-09-12）[2023-07-26]. http : // www.niad.ac.jp/n_kikou/shokaigi/hyouka/kousen/index.htm.

[21] 高考放榜季看凤凰 : 让历史有温度有益趣 [EB/OL].（2017-06-22）[2023-05-20]. https : //www. 163. com/news/article/CNI1L2K900014AEE. html.

[22] 高山艳，杜文平 . 新时代十年职业教育督导评价制度建设成效、现实困境及优化路径 [J]. 当代职业教育，2023（1）.

[23] 高山艳 . 新时代教育督导队伍专业化诉求问题与对策 [J]. 当代教育科学，2018（11）.

[24] 高玉青 . 天津市 E 区高中选课走班管理策略研究 [D]. 天津 : 天津大学，2021.

[25] 谷振宇 . 录取制度 : 高考改革的关键 [J]. 大学教育科学，2010（4）.

[26] 顾明远 . 世界教育大事典 [M]. 南京 : 江苏教育出版社，2000.

[27] 郭华，王琳琳 . 中国普通高中课程结构改革的 70 年探索 [J]. 中国教育学刊，2019（10）.

[28] 郭庆科 . 心理测验的原理与应用 [M]. 北京 : 人民军医出版社，2002.

[29] 国家科技评价中心 . 科技评价规范 [M]. 北京 : 中国物价出版社，2001.

[30] 国务院办公厅关于新时代推进普通高中育人方式改革的指导意见 [EB/OL].（2019-06-19）[2023-06-20]. http : //www. moe. gov. cn/jyb_xxgk/moe_1777/moe_1778/201906/t20190619_386539. html?eqid=ca2dfd1100018fd4000000046436cb34.

[31] 韩喜梅，潘海生，王世斌 . 职业教育质量第三方评价机制的国际经验与启示 [J]. 中国

职业技术教育，2019（24）.

[32] 韩映雄，李超.中国教育监测评估制度的内涵与变迁[J].现代大学教育，2022（4）.

[33] 侯光文.教育评价概论[M].石家庄：河北教育出版社，1996.

[34] 胡保祥.物理教学与STS教育相结合实施素质教育的实践与再认识[J].物理教师，1999（3）.

[35] 胡东芳.当代中国高考政策的多元化发展及其完善策略[J].教育发展研究，2004（4）.

[36] 胡庆芳.绝不让一个高中生掉队——美国高中课程改革研究[J].全球教育展望，2002(3).

[37] 黄雪娜.英、德、法三国基础教育质量评价机制的比较研究[D].福州：福建师范大学，2003.

[38] 蒋来用.中美智库独立性考察与思考[N].中国社会科学学报，2017-07-06（2）.

[39] 教育部考试中心.恢复高考40周年纪念文集（1977—2017）[M].北京：高等教育出版社，2017.

[40] 金强，马淑芳.发挥集团内部督导职能推动教育优质均衡发展[J].中国教育学刊，2018（2）.

[41] 靳玉乐，李阳莉.在中小学综合素质评价中引入第三方评价的探讨[J].当代教育科学，2014（8）.

[42] 科林马什.理解课程的关键概念[M].徐佳，吴刚平，译.北京：教育科学出版社，2009.

[43] 课题组.构建科学的符合时代要求的教育评价制度——习近平总书记关于教育的重要论述学习研究之七[J].教育研究，2022（7）.

[44] 课题组.扭转教育功利化倾向[J].教育研究，2020（8）.

[45] 李锋，顾小清，程亮，等.教育数字化转型的政策逻辑、内在动力与推进路径[J].开放教育研究，2022（8）.

[46] 李均，吴秋怡.大学通专融合：缘起、模式与策略[J].江苏高教，2022（9）.

[47] 李娜.新高考改革背景下我国普通高中选课研究[D].沈阳：沈阳师范大学，2016.

[48] 林亮，刘洪军.新高考中真实应用性问题情境的价值研究与教学启示——以2016—

2018 年江苏高考化学卷为例 [J]. 化学教学，2019，386（5）.

[49] 刘梦薇，王瑜，张军建，等 . 我国教育督导制的发展历程及现状 [J]. 民族高等教育研究，2020（8）.

[50] 刘新阳，裴新宁 . 教育变革期的政策机遇与挑战——欧盟"核心素养"的实施与评价 [J]. 全球教育展望，2014，43（4）.

[51] 刘学智，田雪 . 新时代基础教育评价改革的路向转变 [J]. 中国考试，2020（8）.

[52] 刘英杰 . 中国教育大事典（1949—1990）[Z]. 杭州：浙江教育出版社，2004.

[53] 刘志军 . 教育评价 [M]. 北京：北京师范大学出版社，2027.

[54] 刘志军 . 走向理解的课程评价 [M]. 北京：中国社会科学出版社，2004.

[55] 刘智运 . 进一步完善教学督导机制 [J]. 中国高教研究，2003（2）.

[56] 龙宝新 . 站在基础教育的立场上看高考——评《高考改革与基础教育变革》[J]. 当代教育科学，2019（3）.

[57] 龙海涛 . 人工智能时代教育评价改革：契机、挑战与路径选择 [J]. 中国考试，2021（11）.

[58] 卢立涛 . 回应协商共同建构——"第四代评价理论"述评 [J]. 内蒙古师范大学学报（教育科学版），2008（8）.

[59] 卢晓东 . 中美大学本科专业设置比较 [J]. 比较教育研究，2001（2）.

[60] 陆春阳 . 让第三方参与职业教育人才培养质量评价 [J]. 职业技术教育，2011（30）.

[61] 陆明远 . 政府绩效评价中的第三方参与问题研究 [J]. 生产力研究，2008，23（15）.

[62] 罗立祝 . 高中课程改革与高考改革关系演变与展望 [J]. 课程教材教法，2022，42（3）.

[63] 罗曼 . 基于当代教育理念的教育管理策略初探 [J]. 中国教育学刊，2023（S1）.

[64] 罗士琰，张辉蓉，宋乃庆 . 基础教育改革与发展的中国模式探析 [J]. 江西师范大学学报（哲学社会科学版），2020，53（1）.

[65] 马道斯 . 方案的评价：历史的概观 [A]// 瞿葆奎 . 教育学文集教育评价 . 北京：人民教育出版社，1989.

[66] 马亮 . 第三方评价提升政府绩效的理论框架与研究展望 [J]. 江苏师范大学学报（哲学社会科学版），2018，44（2）.

[67] 马晓强, 彭文蓉, 萨丽. 学校效能的增值评价：对河北省保定市普通高中学校的实证研究 [J]. 教育研究, 2006（10）.

[68] 马燕超. 英国新一轮中学国家课程改革述评及对我国课程改革的启示 [J]. 中小学校长, 2015, 204（4）.

[69] 毛杰. 新制度经济学视角下的第三方教育评价制度环境研究 [J]. 中国大学教学, 2016（7）.

[70] 潘懋元, 邬大光. 世纪之交我国高等教育办学模式的变化与走向 [J]. 教育研究, 2001（3）.

[71] 庞丽娟, 杨小敏. 高质量教育体系建设的经费投入保障思考与建议 [J]. 国家教育行政学院学报, 2021（8）.

[72] 裴勇俊, 李晓燕. 继承传统考试价值　实现追求公平目标——我国考试制度的历史沿革与价值分析 [J]. 宁夏教育, 2017, 440（4）.

[73] 任春荣. 增值测量法：公平利用考试成绩评价学校效能的科学途径 [J]. 我国考试, 2007（4）.

[74] 任玉丹. 英国学校增值评价模式对推进我国教育公平的启示 [J]. 教育探索, 2011（5）.

[75] 荣维东. 美国教育制度的精髓与中国课程实施制度变革——兼论美国中学的"选课制""学分制""走班制"[J]. 全球教育展望, 2015, 44（3）.

[76] 尚虎平, 孙静. 失灵与矫治：我国政府绩效"第三方"评价的效能评价 [J]. 学术研究, 2020（7）.

[77] 深化新时代教育评价改革总体方案 [M]. 北京：人民出版社, 2020.

[78] 施良方, 崔允漷：教学理论：课堂教学的原理、策略与研究 [M]. 上海：华东师范大学出版社, 1999.

[79] 斯塔弗尔比姆. 方案评价的 CIPP 模式 [A]. // 瞿葆奎. 教育学文集教育评价. 北京：人民教育出版社, 1989.

[80] 宋海生. 普及化阶段我国高等教育质量保障体系的现状、问题与优化路径 [J]. 当代教育论坛, 2023（2）.

[81] 孙刚成，杨晨美子.教育督导评估现存问题的调查分析及改进建议 [J].上海教育评估

研究，2021（6）.

[82] 孙惠利.关于中国现行教育督导制度的评价与建议 [J].中共郑州市委党校学报，

2005（4）.

[83] 涂文涛.教育督导新论 [M].北京：人民教育出版社，2015.

[84] 涂艳国.教育评价 [M].北京：高等教育出版社，2007.

[85] 汪飞君，张韩芳，朱琳瑜.我国教育评价发展综述 [J].科教文汇，2010（25）.

[86] 王光艳,杨颉.基于公信力的教育质量第三方评价制度构建 [J].教育研究,2018,39(8).

[87] 王晶晶.民间第三方教育评价机构公信力的构建 [J].中国教育学刊，2016（1）.

[88] 王丽佳.教育质量保障视域中的问责网络建构：理据、实践与优化进路 [J].复旦教育

论坛，2014（5）.

[89] 王琳琳.四十年来我国选课改革的回顾与反思 [J].湖南师范大学教育科学学报，

2018，17（6）.

[90] 王茜儒.普通高中育人方式改革政策执行问题研究 [D].开封：河南大学，2020.

[91] 王润，周先进.新高考改革背景下高中走班制机制构建 [J].当代教育科学，2016，

429（6）.

[92] 王洋.如何让"第三方评价"发挥威力 [N/OL].中华工商时报，（2015-03-06）[2023-

07-18].http：//news.hexun.com/2015-03-06/173782163.html.

[93] 韦恩·K.霍伊，塞西尔·G.米斯克尔.教育管理学：理论研究实践 [M].范国睿，译.

北京：教育科学出版社，2007.

[94] 魏丽蓉.职业生涯规划教育在高中地理教学中的渗透 [D].广州：广州大学，2021.

[95] 魏茂全.发挥督导职能 构建成人高教质量保障体系 [J].中国成人教育，2008（5）.

[96] 吴钢.西方教育评价发展的原因分析 [J].外国中小学教育，2000（3）.

[97] 吴钢.现代教育评价教程 [M].北京：北京大学出版社，2008.

[98] 吴惟粤.课程话语体系演变中透出的课程改革动向 [J].河北师范大学学报（教育科学

版），2016，18（6）.

[99] 夏传寿 . 从 "鸭蛋滚滚来" 到 "桃李朵朵开" ——三十年前参加 "文革" 后第一次高考阅卷忆趣 [EB/OL]. [2023-05-20]. https : //baike. so. com/doc/2139700-2263944. html.

[100] 肖远军，邢晓玲 . 我国教育评价发展的回眸与前瞻 [J]. 理论探讨，2007（12）.

[101] 辛涛，赵茜 . 基础教育质量监测评价体系的取向、结构与保障 [J]. 国家教育行政学院学报，2020（9）.

[102] 辛涛，张文静，李雪燕 . 增值评价的回顾与前瞻 [J]. 中国教育学刊，2009（4）.

[103] 徐双敏，陈尉 . "第三方" 评价政府绩效的制度环境分析 [J]. 学习与实践，2013（9）.

[104] 亚东，俎媛媛 . 我国第三方教育评价的核心问题辨析及政策建议 [J]. 教育发展研究，2018，38（21）.

[105] 姚春艳 . "第三方" 模式是教育评价的必然趋势 [J]. 湖北教育（综合资讯），2014（2）.

[106] 姚天瑞 . 谈成人高等教育教学督导机制的建立 [J]. 中国成人教育，2001（1）.

[107] 尹达 . "新高考" 的价值取向、现实挑战与路径选择 [J]. 陕西师范大学学报（哲学社会科学版），2017，40（4）.

[108] 尹达 . 论 "新高考" 对普通高中教育改革的影响路径 [J]. 教育理论与实践，2020，40（20）.

[109] 余凯，杨烁 . 第三方教育评价权威性和专业性的来源及其形成——来自美、英、法、日四国的经验 [J]. 中国教育学刊，2017（4）.

[110] 虞永平，张斌 . 改革开放 40 年我国学前教育的成就与展望 [J]. 中国教育学刊，2018（12）.

[111] 袁强 . 第三方评价运行机制与实践规制的理性建构 [J]. 中国教育学刊，2016（11）.

[112] 袁益民 . "管办评分离" 改革与教育质量保障 [J]. 高教发展与评估，2016（1）.

[113] 袁振国 . 数字化转型视野下的教育治理 [J]. 中国教育学刊，2022（8）.

[114] 张宏亮，赵学昌 . 我国职业教育质量第三方评价研究综述 [J]. 中国职业技术教育，2016（15）.

[115] 张惠芬，金忠明 . 中国教育简史 [M]. 上海：华东师范大学出版社，2001.

[116] 张煜，孟鸿伟 . 学校效果研究与教育过程评价 [J]. 教育研究，1996（7）；南纪稳教育

增值与学校评估模式重构 [J]. 中国教育学刊，2005（4）.

[117] 赵德成 . 教学中的形成性评价：是什么及如何推进 [J]. 教育科学研究，2013（3）.

[118] 赵冬冬，朱益明 . 普通高中育人方式改革的理论要义、现实挑战与实施建议 [J]. 中国
教育学刊，2021（9）.

[119] 郑程月 . 我国考试招生政策演进研究（1977—2017）[D]. 天津：天津师范大学，2018.

[120] 郑永年 . 郑永年论中国：中国的知识重建 [M]. 北京：东方出版社，2018.

[121] 中国社会科学院语言研究所词典编辑室 . 现代汉语词典（第 7 版）[M]. 北京：商务印
书馆，2016.

[122] 中华人民共和国教育部 . 国家中长期教育改革和发展规划纲要（2010—2020 年）[EB/
OL].（2010-07-29）[2019-08-04]. http：//www.moe.gov.cn/srcsite/A01/s7048/201007/
t20100729_171904.html.

[123] 周彩霞，贺艳芳 . 比较视域下职业教育质量保障的国际经验与启示——基于对德国、
英国、美国的分析 [J]. 职业技术教育，2021（34）.

[124] 周光礼，袁晓萍 . 聚焦 "四个评价" 深化教育评价机制改革 [J]. 中国考试，2020（8）.

[125] 周海涛，景安磊 . 新高考改革助推教育升级 [J]. 教育研究，2015，36（8）.

[126] 周俊华 . 终身教育发展保障机制研究：基于国际比较的视角 [J]. 教育学术月刊，2016（4）.

[127] 周序 . 高考改革与基础教育变革 [M]. 杭州：浙江教育出版社，2017.

[128] 周燕，边玉芳 . 美国 TVAAS 的解读及其对我国教育评价的启示 [J]. 全球教育展望，
2012（3）.

[129] 朱立明，宋乃庆，罗琳，等 . 新时代教育评价改革的思考 [J]. 中国考试，2020，341（9）.

[130] 祝智庭，胡姣 . 教育数字化转型的实践逻辑与发展机遇 [J]. 电化教育研究，2022（1）.

[131] 宗钰，邹放鸣 . 现代化发展与适应性变革：1977 年以来高考制度改革创新的历史轨迹、
现实审思、未来展望 [J]. 现代教育管理，2017，332（11）.

后 记

　　教育评价理论研究非常丰富的原因之一在于其有一套完整的有关评价研究的概念系统。其中，元评价也是教育评价理论中的一个核心概念。元评价是指按照一定的标准，运用可行的科学方法，对已有评价活动或者对象进行评价的过程，其本质也是一种价值判断。所以在本书即将收尾之际，用元评价的视角回顾本书的写作初衷、写作过程及结果评估，既条件成熟又非常必要。

　　回顾整本书的写作初衷，既有功利的一面，也是对现实问题作系统理论思考的一种艰辛尝试。所谓功利就是公益金课题 ❶ 结题的需要。在笔者成长的过程中，功利一直不是首要的人生选项，但没有丁点儿功利心似乎一些充满辛苦的努力也很难坚持。所以，毫不回避地说，本书的撰写有功利的驱动。但书稿之所以能够完成，也来自笔者对政策话语深深的学术关照。评价的牵引功能，这是习近平总书记对新时代评价改革的新期待。但如何将这一新期待理论化、学术化和实践化，需要研究。本着这样一种信念，笔者开始从理论上进行论证，更从理论上进行构建。理论论证属于上篇，相对容易；理论构建主要集中在下篇，难度很大，充满着挑战。最大的挑战之一是聚焦育人方式、办学模式、管理体制和保障机制变革确立与评价改革之间内在的逻辑关系，并分别寻找牵动它们变革的教育评价具体方面及其最佳实践路径。为此，

❶ 本书是中国教育科学研究院 2022 年度基本科研业务费专项资金院级重点项目"牵引教育变革的教育评价改革研究"（编号：GYB2022013）成果。

笔者花费了大量的时间来研究和整理相关文献资料，不仅深入了解教育评价改革的理论和实践，更全面分析当前育人方式、办学模式、管理体制和保障机制方面存在的问题及改革的方向，以便能够给全书一个准确的定位和有力的论证。

尽管笔者对本书的成果是满意的，但笔者也清楚地认识到其中存在很多不足之处。首先，由于篇幅和时间的限制，有些重要的议题可能没有得到充分的讨论和分析，这是笔者未来研究的方向之一。其次，尽管笔者已经尽力保证内容的准确性和客观性，但难免存在一些主观判断和个人观点的影响。未来，笔者会更加努力地进行深入的研究，确保所提出的观点和建议更具客观性和科学性。

写作这本书是一次充满挑战和收获的旅程，它带给了笔者深刻的思考和启示。笔者衷心希望这本书能够为教育评价改革的实践提供一些有益的思考和借鉴，为教育事业的发展作出一点点贡献。

谨以此后记，感谢所有支持和帮助过我的人，你们的支持和鼓励是我坚持写作的最大动力。

张宁娟

2023 年 7 月 31 日